政府运行保障体系
组织结构变革研究

朱　萌◎著

光明日报出版社

图书在版编目（CIP）数据

政府运行保障体系组织结构变革研究 / 朱萌著 . 北京：光明日报出版社，2025. 4. -- ISBN 978-7-5194-8607-5

Ⅰ. D630. 1

中国国家版本馆 CIP 数据核字第 2025W33K22 号

政府运行保障体系组织结构变革研究

ZHENGFU YUNXING BAOZHANG TIXI ZUZHI JIEGOU BIANGE YANJIU

著　　者：朱　萌

责任编辑：刘兴华　　　　责任校对：宋　悦　李海慧

封面设计：中联华文　　　　责任印制：曹　净

出版发行：光明日报出版社

地　　址：北京市西城区永安路 106 号，100050

电　　话：010-63169890（咨询），010-63131930（邮购）

传　　真：010-63131930

网　　址：http：//book. gmw. cn

E - mail：gmrbcbs@ gmw. cn

法律顾问：北京市兰台律师事务所龚柳方律师

印　　刷：三河市华东印刷有限公司

装　　订：三河市华东印刷有限公司

本书如有破损、缺页、装订错误，请与本社联系调换，电话：010-63131930

开　　本：170mm×240mm

字　　数：165 千字　　　　印　　张：15. 5

版　　次：2025 年 4 月第 1 版　　　　印　　次：2025 年 4 月第 1 次印刷

书　　号：ISBN 978-7-5194-8607-5

定　　价：95. 00 元

序言

透视政府运行保障体系组织结构变革之旅

随着时代变迁，政府作为社会治理的中枢，其运行效率与保障能力是国家发展的重要基石。随着全球化、信息化、社会多元化的发展，政府面临的挑战也日益复杂，传统的保障结构与管理模式已难以满足现代政府运行需求。本书正是在这样的背景下写成，它不仅是对政府运行保障领域组织结构变革的一次系统梳理，更是对未来政府运行保障现代化路径的一次探索。以下，笔者将从三个维度展开，阐述本书的研究缘起、理论视角及内容特色。

一、研究缘起：山西调研的触动与深思

研究的起点往往源自对现实的洞察与反思。笔者的研究之旅，始于一次在山西的深入调研。2018 年，山西省在省级党政机构改革中，对省四大班子办公厅的接待和机关事务管理职能进行整合，组建了省直属机关事务管理局，作为省委工作机关，其实现了机关事务管理由多家分管到集中统筹的转变。2019 年 3 月，国家机关事务管理局印发通知，决定在山西省开展“机关事务集中统一管理”专

项试点工作，要求重点解决机关事务管理部门整合后的体制构建和机制完善问题，为推动全国各地集中统一管理探索路径、积累经验、提供范式。试点的实施阶段为7月至12月。在这段时间里，笔者有幸参与了北京大学政府运行保障研究中心的调研课题，对山西省的改革进行跟踪式调研。这次调研是笔者与机关事务的初次“相遇”，调研过程中，第一次了解到政府在机关事务领域的实践、组织和职能，以及正在发生的体制改革，感受到机关事务在体制上的集中统一改革作为推动国家治理体系和治理能力现代化的重要意义。在课题写作中，初步了解到，改革开放前各个地方政府负责系统配置自己的机关事务，不仅包括办公用房、公务用车、办公设备、食堂，还包括幼儿园、理发店、疗养机构等为公职人员提供的福利，由此形成了我们所熟知的“单位”。机构的设立源自社会分工，单位的存在是超出社会分工的。单位不仅要履行其政治、行政、经济、社会职能，还要为单位成员提供各种各样的福利保障，诸如分配住房，公费医疗，解决职工的餐饮、职工子女上学问题等。改革开放后，单位制解体，逐步把经济职能交给市场，社会职能交给社区，政府只承担行政职能。附属于单位的后勤机构逐渐转向市场，很多内设机构转变为直属事业单位或服务中心，开始了单位向政府机构过渡的阶段。但从管理职能上来说，政府各部门负责各自机关事务的局面尚未改变，即机关事务管理的权限依然分散在各部门手中，导致政府机关事务标准不统一，部门各行其是。2012年后的机关事务集中统一管理改革正是在这样的背景下进行的，把机关事务的管理权限收归国家，由国家机关事务管理局行使管理权，切割部门利益，把“单位”变成真正的“政府机构”。

2021年，笔者入职中国社会科学院社会发展战略研究院国家机关运行保障研究室，专职从事这一领域研究。其间，又参与了“成都市机关事务口述史”课题研究，接触了更多中央和地方的机关事务实践。4月，笔者对成都市机关事务管理局每个职能处室及事业单位的工作人员进行一对一访谈，访谈采取开放式提问，让受访者自由叙述工作中的关键事件，以及对机关运行保障各领域的工作经验和创新理念。如果说山西的调研是一种更具针对性的体制改革研究，那么，成都的调研所涉及的机关事务领域更广泛，在调研过程中，更加深刻感受到政府运行保障体系的复杂性与重要性。从实践来说，围绕着为机关运行提供物资保障这件事的所有行政行为，都可以称为机关事务实践，大到从分散到统一这种体制上的变革，小到一次会务、接待活动。机关事务管理部门每天做很多事情，大部分事情看起来都非常琐碎。组织结构也呈现出多样化特点，从省级机关到基层乡镇，不同层级的机关事务管理部门（有些是单独的行政机关、事业单位，有些内嵌于办公室或财政部门）在内设机构、职能划分、决策执行等方面展现出各自的特色与困境。

这些调研经历，如同一面镜子，映照出我国政府运行保障体系的现状与问题，也激发了笔者对这一研究领域的浓厚兴趣。笔者开始思考：在机关事务领域，管理与服务分离后，应如何各自优化？后勤服务的提供中，哪些服务、哪些职能能够市场化？所谓“集中统一管理”，集中哪些内容，统一与差异化的界限在哪里？以及如何通过优化政府组织结构，提升政府运行效率与保障能力，以更好地适应时代发展的需要，满足人民群众的期待？等等。其间，笔者写了几篇案例式文章探讨机关事务职能建设，发现机关事务职能设置不是一蹴而就，而是经历了一系列改革，在2012年相对稳定化、规范化。这使笔者意识到，体制研究需要追本溯源，从政府运行保障体系组织结构的源头和发展脉络找寻答案。这就是笔者写这本书的初衷，希望能够在这个领域做一些基础性研究，梳理政府运行保障体系组织结构的变革过程与发展方向，尤其是保障过程中不同主体的权力配置方式，包括职能和机构设置，以及层级关系、部门关系，因为体制的设计直接反映了机关事务的治理能力和水平，对提升行政效率和政府公信力至关重要。

二、理论视角：权力关系的朴素解析

在探索政府运行保障体系组织结构变革的过程中，最大问题在于如何将散落的材料进行加工整合，并用理论进行阐述。笔者尝试了整体性政府、系统论、制度主义等多种理论框架，这些理论为我们理解政府组织结构变革提供了丰富的视角和工具。然而，在进一步的阐释过程中，笔者又发觉这些理论在解释具体体制变革时往往都存在一定的局限性。整体性政府理论是通过部门间协同合作以解决公共管理领域的部门化、碎片化的问题，而政府运行保障体制改革中的集中统一管理更多侧重于将分散的管理权限收归机关事务管理部门，由一个部门统筹，这是机关事务部门机构职能制度化的过程，而现阶段的改革对部门间协作涉及的并不多。系统论多侧重系统内外环境的交互及其对系统的影响，注重外部环境的复杂性和多变性，但难以全面地把握政府体系内部的权力结构与运行机制。政府运行保障体系的组织内部结构中某一个制度设计可能会撬动其他制度、组织和职能的变化。历史制度主义能够清晰识别出制度背景、政治变量、路径依赖和关键节点等影响政府运行保障体系组织结构变迁的动力机制，但这一范式对体制是如何变迁的细节性描述解释性不足。

最终，笔者选择了从政治学最朴素的权力关系角度切入。权力问题是政治学讨论的核心问题，体制转型的实质就是权力关系的变化。这一视角能够穿透理论的迷雾，直抵政府组织结构变革的核心。在权力关系的框架下，政府组织结构不再是静态的、固定的模式，而是随着权力在不同层级、部门之间的配置与流动而不断变化的动态系统。通过分析权力关系的演变规律及其对政府运行保障体系组织结构的影响，可以更加深入地理解其变革的动因、过程与结果。它促使我们更多关注政府内部的权力分配与制衡机制、决策与执行过程的互动关系以及政府与外部环境的互动模式等方面的问题。这些问题的解决，对于推动政府运行保障体系组织结构变革乃至政府治理现代化，提升政府运行效率与治理能力具有重要意义。

三、内容特色：白描历史，聚焦新时代

本书在内容安排上，采用了白描的手法，力求客观、真实地还原历史场景，展现新中国成立以来我国政府运行保障体制变革的历

程与成就。从计划经济时期的统一计划模式到改革开放后的分散管理改革，再到新时代的集中统一改革，每一次体制变革都伴随着政府运行保障体系组织结构的调整与优化。

国家治理现代化需要解决两个问题：第一个是政府部门间权责明确，不要有权力交叉的现象，部门间合作要顺畅；第二个是政府与社会关系的问题。顺着这一思路，本书将组织结构分解为组织内部结构和组织边界结构。政府运行保障机制主要服务于政府内部，那么组织内部结构在横向上就包括各级政府的机关事务管理部门与政府各部门中的机关事务管理机构（办公室、后勤）的关系；机关事务管理部门与财政部门、国土资源管理部门（现为自然资源部）、住建部门等相关部门的关系。纵向上包括机关事务管理部门、各单位机关事务管理部门与其直属机构相关部门的关系；中央与地方机关事务管理部门的关系。同时，随着政府机构后勤服务的社会化改革进程推进，政府在满足内部服务需求时，也日益依赖于向市场采购服务，这一过程促使政府、市场与社会之间的关联变得更为紧密，从而形成了政府运行保障中的派生关系，即政府运行保障在政府间合作的基础上，因社会化改革而强化了与市场及社会的联动，构成了政府运行保障系统的组织边界结构。

在描述这些历史变迁的过程中，本书特别注重对新时代体制转型进行分析与探讨。新时代，我国政府面临着更加复杂多变的国内外环境和社会治理挑战。为了应对这些挑战，推进治理体系和治理能力现代化，政府进行了组织结构变革与创新。本书通过大量鲜活的案例和翔实的数据，深入剖析新时代政府运行保障体系中组织结构变革的动因、特点与成效，展示政府在简政放权、优化服务、加强监管等方面的创新实践。这些案例不仅是对理论分析的生动注脚，更是对未来改革方向的有益启示。它告诉我们，政府运行保障体系的组织结构变革不是一蹴而就的，而是需要不断试错、调整和完善的。在这个过程中，我们需要坚持问题导向，注重顶层设计与基层探索相结合，同时还需要加强理论研究与实践探索之间的互动与融合，让理论缩短并且减轻实践过程中的阵痛，推动改革不断深入。

目 录
CONTENTS

导 论

一、研究缘起

（一）政府运行保障：一个整体性的研究议题

在网络媒体发达的现代社会，我们听到越来越多批评政府的声音，但我们不得不承认的是，无论是西方还是中国，由于社会生活的复杂，人民对政府的期望也越来越多元化，政府为了满足这些需求，就要去承担越来越多的责任，政府在社会中的作用也就越来越重要。多样化的行政机构、大量的公务员和日益膨胀的政府预算（这些预算或用于满足社会的公共事务，或用于政府的内部行政开支）已经把我们带入了一个新的时代——以“行政国家”为特征的时代。① 相对应，政府就需要投入更多的人力、物力和财力来保证其职能的实现。人力的保障涉及人力资源管理的研究，财力和物力的保障就涉及了本研究要讨论的核心内容——政府运行保障，即如何统筹管理政府自身运转所需要的物质资源。

“政府运行保障”是一个具有中国特色的政府行为和研究领域。

① 费斯勒，凯特尔. 行政过程的政治：公共行政学新论［M］. 陈振明，朱芳芳，等译校. 北京：中国人民大学出版社，2002：2.

自中国共产党成立到“大革命”时期，为保证党的工作正常运转，就已建立了完整的机关后勤保障系统。土地革命时期，中共在各个革命根据地建立了苏维埃政权，各个革命根据地也建立了相对完整的后勤保障体系，尤其是中央苏区的苏维埃政府机关后勤工作日趋完善和走向科学化。全面抗战爆发后，延安时期的机关事务管理工作从价值、体制、制度均进行了系统性的创制。解放战争时期，各个解放区都有独具特色的机关管理工作。新中国成立以后，党中央继承了战争时期的优良传统，并借鉴苏联的经验，成立了中央人民政府政务院机关事务管理局（1954 年更名为国务院机关事务管理局，2013 年 3 月更名为国家机关事务管理局），制定保障政策、确立服务标准、拟订保障计划，负责政府运行的经费和财务管理，会议服务，有关人员接待，办公用房和宿舍的基建、调配、修缮以及机关所需汽车的管理、分配、调拨等工作。1949—1978 年间，政府运行保障体系的组织模式可看作一种粗放的计划式和分散式管理模式，政府运行所需的经费、资产和后勤服务的来源基本依赖于国家计划拨款和所办经济实体的产出，且绝大多数机关都有自己的后勤服务部门，自办后勤模式强调服务保障多于经济核算，对后勤的投人产出和成本没有考核要求。因而，在研究中，这一时期多用“机关后勤”或“后勤服务”概念，“机关后勤”即机关后勤服务人员运用自己的体能、技术和知识，利用一定的设备和设施，为机关工作和职工生活提供以劳务为主要形式的服务，① 侧重于政府内部的工

① 张升智．机关后勤工作概论［M］．北京：群众出版社，1999：177.

作和服务。随着改革开放的不断深入，以及计划经济向市场经济过渡和体制转型的要求，机关后勤服务单位开始了社会化改革。政府运行保障工作更加强调确立服务标准、完善管理制度、统筹机关资源、加强监督检查等方面的工作。“管理”的重要性开始显现，这一时期的研究开始使用“机关事务管理”的概念，即对机关事务进行的计划、组织、协调、控制等行政活动。这一概念将政府运行保障看作政府的“内行政”，侧重于对政府内部服务的管理，相对于需求的扩张性和资源的有限性，机关事务以控制为主要特征的管理属性逐步强化。在组织建设层面主要体现为体制内权力结构合理化和权力运行规范化。研究上，这一时期还未将“政府运行保障”视为一个整体性的研究对象，只涉及行政成本、政府采购、行政性国有资产管理等专门性问题。2012 年后，随着公众对“三公经费”等行政开支问题的关注，以及行政体制改革与政府专业化分工的要求，党中央开始从国家治理现代化的高度将政府运行保障视为一个以行政性资产管理为基础，依托资产提供后勤服务、辐射公共服务的整体，在体制层面进行一系列创新，诸如集中化改革、标准化改革等。政府运行保障从过去的“保供给”“重管理”转变为新时代的“发展和治理”。[①] 实践层面的改革亦推动了理论的发展，此后的研究开始将这一政府行为放在宏观的国家治理的框架下，并将行政事业性国有资产、后勤服务、机关运行经费等保障政府自身运行的事项统合为“政府运行保障”，使其以统一的概念被关注和探讨。

① 燕继荣．中国共产党领导的中国现代化：探索、成就与经验［J］．人民论坛·学术前沿，2021（11）：18-29.

政府运行保障就是公权力机关对维系自身运行所需物质要素和与此相关的信息要素的供给与管理。"物"的范畴包括办公用房、公务用车、办公设备家具等行政性资产及其耗费（水、电的消耗，节能设备的配备，维修服务，等等），开展政务活动所需的餐饮、会务等服务，及其产生的全部经费。"政府运行保障"这一概念的使用首先在观念上破除了机关事务是政府内部行政行为的思想，确认了机关事务管理工作的国家属性。① 其次，在理论上，一方面强调政府运行保障是物质资源在政府各部门间的分配行为，调整的是国家与政府、政府间的内部关系；另一方面，强调这些物质资源及经费开支源于公共财政，使用情况应受到立法机构和民众监督，因而这一政府行为又具有外部性，间接调整着国家与社会、市场的关系。因而，在实践中，政府运行保障不仅需要理顺保障主体即各级政府的机关事务主管部门与保障对象即政府各部门的关系，也要处理政府与市场和社会的关系。最后，强调用系统和动态的思维思考政府运行保障领域的各项工作，注重统筹规划和管理。例如，有限政府要求行政成本的规模应该维持在一个合理的限度之内；法治性要求行政成本的预算与审批必须按照法律规定的时间、步骤等程序进行，做到信息公开，在行政成本使用过程中，也必须做到依法使用；但同时，政府的高效运转又需要较好地保障自身的运转和公职人员的工作需求。如何在提供高质量服务与降低行政成本间进行平衡，则需要政府进行统筹考量。

---

① 王浦劬，梁宇，李天龙．十八大以来我国省级机关事务管理体制改革的发展及其思考［J］．中国行政管理，2018（3）：8-14.

（二）政府运行保障体系组织结构：本研究的主题

在政府运行保障体系的诸多研究问题中，本研究更关注组织结构及其变革，并从理论和实践两个层面进行陈述。

1. 理论层面

第一，作为一种行政管理行为，组织结构问题最为核心。组织是社会和政治活动的载体，一般的政治行为或活动都需要依托组织得以开展。结构是组织内部的构造，关系着权力如何配置、职能如何设置，具体体现为内设机构、人员安排等形式。行政组织的内部结构即政府部门之间、各级政府之间如何进行权力配置、划分行政职能，包括职能设定和机构设置两部分。政府运行保障体系组织内部结构，就是在政府运行保障和管理行为中不同主体的权力分配方式，具体而言，包括机构设置和职能配置两部分。[①] 政府运行保障体系采取什么样的组织形式决定了政府获取和分配维持运行所需物质资源的方式、效能。总体上，随着社会经济发展，政府规模也相应扩大、运行方式日渐规范化，对政府运行保障体系组织结构提出更高要求。例如，国家政府运行保障是否还要继续实行过去那种由所在层级和部门管理的方式。又如，在全国国家机关事务工作中，是否有必要建立统一的法制体系和统一的标准体系，都属于政府运行保障领域中组织内部结构研究的重大理论问题。具体来看，如果由统一的机关事务管理部门提供标准化的管理和服务，那么管理和服

① 王浦劬，梁宇，李天龙．十八大以来我国省级机关事务管理体制改革的发展及其思考［J］．中国行政管理，2018（3）：8-14.

务的内容应该包括哪些，即哪些事务需要且必须集中统一管理，哪些可以分散由各国家权力机构自己管理；集中管理的权限在哪里，这些都涉及组织内部结构的设计。此外，组织内部结构还关涉机关事务管理部门与其他部门在机关事务相关领域的权责划分，例如，机关事务部门与财政部门的关系，机关事务中的资产管理、政府采购、节能工作等都与财政管理密切相关，国家机关事务管理部门如何与财政部门实现有效分工、划分职能界限也是组织设计的一环。对组织边界结构而言，当前的机关事务中，餐饮服务、物业服务等，哪些可以由社会化的方式提供，哪些需要政府提供；若需要由政府提供，是每个部门自办服务，还是集中到一个部门统一为政府各部门进行服务保障，这些都是政府运行保障体系组织边界结构需要解决的问题。从政治社会系统整体来看，政府运行保障体制的设计也影响着国家与社会、政府与市场的关系，例如，政府运行保障的经费是财政预算中行政事业费的重要组成部分，其支出不仅保障着国家权力机关的内部运行，在市场经济下还对市场、社会产生着巨大的经济外部性，如公务用车采购就可能对汽车市场格局产生很大影响，政府采购本身也影响着全国统一大市场的建设。① 政府运行保障应采取何种政策最为有利，这些都关乎组织边界结构的设计。

第二，对改革开放以来政府运行保障领域体制变革的总结和分析，也是本书写作的最直接原因。政府运行保障体制自改革开放至

① 王德. 加快建设全国统一政府采购市场的对策建议［J］. 中国行政管理，2024（4）：151-154.

今经历了从分散管理向集中管理的转型。1978 年党的十一届三中全会召开至 1998 年行政体制改革和国家实行财政预算改革前，保障政府运转的物质资源在财政包干制基础上由各部门自己管理，加之各部门都有自己的预算外经费，政府运行保障体制呈现出分散管理的特征。1998 年行政体制改革和财政预算制度建立后，国家在机关运行经费、资产、后勤服务等各领域逐步制定了相关制度规范，在体制上表现为一级政府逐步将办公用房、公务用车等通用资产的管理职能集中于一个部门。党的十八大后，社会对“三公经费”的关注，以及从严治党的要求，使得政府运行保障领域的各种制度从具有“部门私属性”的内控制度上升至具有“公共性”的国家制度。2012 年《机关事务管理条例》中规定：“县级以上人民政府应当推进本级政府机关事务的统一管理，建立健全管理制度和标准，统筹配置资源。政府各部门应当对本部门的机关事务实行集中管理，执行机关事务管理制度和标准。国务院机关事务主管部门负责拟订有关机关事务管理的规章制度，指导下级政府公务用车、公务接待、公共机构节约能源资源等工作，主管中央国家机关的机关事务工作。县级以上地方人民政府机关事务主管部门指导下级政府有关机关事务工作，主管本级政府的机关事务工作。”党的二十届二中全会强调：“继续推进党和国家机构改革，目的是推动党对社会主义现代化建设的领导在机构设置上更加科学、在职能配置上更加优化、在体制机制上更加完善、在运行管理上更加高效。”① 在这一大背景下，

① 习近平．深化党和国家机构改革 推进国家治理体系和治理能力现代化［J］. 求是，2023（14）：4-7.

政府运行保障体制继续调整职能和机构设置，尤其在目前的大数据时代，政府运行保障进一步探索数字化平台保障模式，以技术推动机构精简与职能重塑。本书旨在从组织结构切入对改革开放以来政府运行保障体系组织结构变革历程进行分析，并探究变革的内在动力，在弥补目前研究不足的基础上提出未来改革创新的方向。

第三，关注政府运行保障体系组织结构变革是检视行政体制改革的另一个思路。在国家治理的大框架下，政府治理是一切治理体系和治理活动的主导，而政府体制改革是推进国家治理现代化的必然要求。自1982年至今（2023年之前），中国经历了八次机构改革。以往分析的着眼点或聚焦于政府职能转变所带来的国家、社会、市场三种力量的变动模式，如公权力的边界问题、公共权力的内部配置问题和行政体制整体的内控机制问题。即使研究某一具体的体制，也多聚焦于财政体制、行政审批体制等，对作为为政府机构正常运转提供物质资源和服务保障的机关事务管理部门及其体制变革的研究却始终没有纳入学界的视野。事实上，一方面，从行政经费角度，行政支出由人员经费支出、资产支出和公务支出三部分组成。人员经费支出包括薪酬、社保缴费和培训等内容，属于劳动力的维持和能力提升费用。资产支出是政府机构物质资料耗费的资金表现，资产包括低值易耗品、公用设施、不动产、专用设备等。公务支出是政府机构人员执行公务过程中发生的费用，包括差旅费、会议费、市内交通费、接待费等。后两者是政府运行保障经费的内容，合理的政府运行保障组织结构设计能够降低行政支出。从机构改革角度，将原属于政府内部的后勤机构市场化，以及将同级政府各部门的后勤机构进行横向整合，都是“行政权力减量改革”① 的重要内容，政府运行保障体系组织结构的调整也可以带来机构精简、压缩政府规模的效果。另一方面，从政府间协作角度，政府各部门管理的一部分资产和后勤服务易因自利性而发展成“部门利益”的一部分，阻碍部门间合作。鉴于此，在各级政府集中统一办公的原则下，进一步抽取原来分别属于政府各机构各部门的所谓“机关事务”（后勤事务），将其集中统一管理，将各机构各部门的“自留地”（办公用房、车辆、会议场馆、培训中心、机关食堂、幼儿园等）转化为统一的“公地”，并对“公地”进行规范化、标准化、社会化、信息化（数字化和智能化）改造，② 也是一种通过保障事务的均等化，促进部门间合作和整体性政府建设的思路。综上，政府运行保障体系组织结构的变革和调整亦是行政体制改革的路径之一。

2. 实践层面

第一，政府运行保障体系组织结构优化关乎政府质量。什么样的政府是“高质量的政府”？或者说，一个政府需要达到哪些标准才能被称为“好政府”？这是政府质量理论回答的问题。有学者认为，能够促进经济增长是好政府的标准之一，从这个角度出发，衡量政府质量有四个指标：政府干预的程度，包括产权保护指数、商业管制指数和最高边际税率；政府效率，包括腐败指数、官僚主义、税

① 王浦劬．中国行政体制改革的基本思路和命题［J］．行政科学论坛，2014，1（1）：27-28.

② 燕继荣．条块分割及其治理［J］．西华师范大学学报（哲学社会科学版），2022（1）：1-6.

收服从（tax compliance）和政府平均工资与人均 GNP 的比例；公共产品的提供，包括婴儿成活率、学校教育、识字率、基础设施质量等；公共部门的规模，包括转移支付和补贴占 GDP 的比重、政府消费占 GDP 的比重、国有企业的规模、公共部门的雇佣量占总人口的比重等。在这四个指标中，公共部门的规模，尤其是政府消费占 GDP 的比重就涉及政府运行保障的内容。研究认为，一般来说，政府部门支出较少，政府质量较高。还有学者认为，好的政府是指能够公正无私地行使权力的政府，即公权力在政策执行过程中能够做到公正，不以权谋私，不滥用公共资源。从这个角度出发，衡量政府有两个主要标准：一是政治体系的输出端，即政府制定的公共政策是否符合民意，在政策执行过程中政府是否能做到公正；二是腐败程度，对腐败的有效控制是政府质量所包含的基本要素和核心前提。党政机关在物质资源的使用过程中缺乏效能，比如，违反资源的既定用途或者既定标准、规则使用、消耗资源，私自占用机关资源等，这类对公共资源的滥用行为也属于公权力的滥用，同时也是公权力异化的潜在诱发因素；而合理利用公共资源，就包括了合理配置行政性国有资产，即政府运行保障中资产管理的内容。理论上来说，政府运行保障与政府质量呈现出正相关性：一方面，政府运行保障需要统筹安排并优化配置机关运行所需的经费、资产、服务等要素，按照现代政治的观念，保障政府运转的这些资源因其源于公共财政而具有“公有”属性，能否合理合法地使用是廉政建设的核心内容之一，也是“好政府”的前提，且政府运行保障本身也是一种行政行为。如果说公共服务或公共管理的对象是公民、法人或社会组织，是一种“外行政”，那么机关事务管理的对象是机关资产和资源，范围是行政机关及其工作人员，目的是保障机关运转和职工生活，是一种“内行政”。在行使管理权限时，依法行政是基本原则。另一方面，现代政府运行保障需要在为政府有效运行提供优质服务的同时，节约行政成本，行政成本的节约也是高质量政府的标准之一。因此，政府运行保障的规范化和专业化是政府质量提升的重要方面。

第二，政府运行保障体系组织结构改革是提升国家能力、推进国家治理体系和治理能力现代化的路径之一。国家能力是为实现国家意志和完成国家任务而汲取、动员和配置人力、物力、财力的能力，① 它是现代国家建设和发展的基础。研究中，国家能力多特指中央政府的能力。从国家治理角度，不同组织结构下，国家对保障政府运行的物质资源的控制方式和程度均有不同：这些物质资源是由国家委托统一机构管理还是由政府各部门自行管理、是否在管理的各环节进行制度和标准的设计会形成不同的分配体制，不同的分配体制调整着国家利益与部门利益间的关系。若政府所需物质资源由各部门自行保障和管理，资产的产权主体是政府各部门，经费也一揽子拨付给部门，由各部门支配，各部门可随意使用经费购买资产和服务，从而制度规范相对粗放，部门的权力很大，这不仅容易造成行政资产和经费的滥用和浪费，弱化国家的汲取能力，还在客观上强化了部门利益。若国家将资源集中，委托特定机构进行管理，部门只有资产的使用权，同时制定细化的制度和标准，则可提升国

① 王绍光，胡鞍钢．中国国家能力报告［M］．沈阳：辽宁人民出版社，1993：1.

家对行政性资源的汲取能力。同时，集中配置，设置单一配置主体和统一的标准，割断行政性资源与各部门间的利益纽带，可限制因此产生的部门利益的扩张，建立和发挥财政预算支出的主渠道作用，提升国家对这部分资源的汲取能力。同时，政府部门间行政资源的均等化程度增加，理论上可加强国家结构的内聚力，亦促进国家能力的提升。可以说，政府运行保障的分配体制通过影响国家与政府间关系影响国家汲取能力，通过调节政府各部门间关系影响国家结构的内聚力。以我国改革开放为例，1978—1998 年间的分散管理时期，资产和服务的部门分散管理模式实际上削弱了国家对行政性资产和经费的汲取和控制能力，亦造成部门间保障差异。[①] 1998 年起的国家集中化管理意味着因掌握的物质资源而伴生的部门利益逐渐被打破，国家汲取和配置行政资源的能力得到提升，物质资源相对平均地在各部门间分配，带来了国家结构内聚力的增强，国家作为统一体在政府运行保障管理中发挥作用。因而，在政府运行保障体系中，不同的组织结构通过影响国家与政府各部门间关系这一中介而影响国家治理能力，合理的组织设计可助力国家治理能力的提升。

二、关键概念

（一）政府运行保障

1. 概念界定

有关政府运行保障的概念界定，一般有两种：一种是广义的概

① 机关后勤服务社会化存在的问题及策略研究［EB/OL］. 人民网，2013-10-08.

念，泛指政府内部所有的事务性工作。[①] 这一概念是根据政府自身的属性和功能，将政府部门分为业务部门和事务部门。业务部门履行公共服务职能；事务部门是除业务部门之外的其他部门，它们服务于业务部门，更多具有支撑性和保障性功能，间接履行和实现国家公共权力。政府运行保障是指所有事务部门承担的职责，包括办公、人事、财务、后勤服务等。另一种是狭义的概念，将"政府运行保障"等同于"后勤服务"。"后勤"一词源于军事领域，常用作军事术语，指后方对前方的供给服务工作，目的是为军事活动提供保障；后用于政府运行保障领域，也多强调服务，即机关后勤服务人员运用自己的体能、技术和知识，利用一定的设备和设施，为机关工作和职工生活提供以劳务为主要形式的服务。[②] 按照 1993 年中央机构编制委员会办公室和国务院机关事务管理局印发的《国务院各部门后勤机构改革实施意见》的界定，机关后勤服务职能是指为保障机关办公和职工生活提供各项劳务和技术服务的职能。主要包括机关食堂、车队、医务室、技工班、电话班、传达室、服务室、浴室、理发室、锅炉房、洗衣房、小卖部、生活福利科（处）、副食品基地（绿化基地）、幼儿园、疗养院（休养所）、宾馆招待所、房屋修缮队（修建队）、印刷厂（铅印室）、修理厂、礼堂等方面的工作。[③]

本书认为，对于广义的概念，事务性工作除了政府运行保障，

---

① 公安后勤管理［M］. 北京：中国人民公安大学出版社，2015.

② 张升智. 机关后勤工作概论［M］. 北京：群众出版社，1999：177.

③ 参见中央机构编制委员会、国务院机关事务管理局以中编办〔1993〕33 号印发《国务院各部门后勤机构改革实施意见》。

还应包括人事工作、财务工作等，分别由人事部门、财务部门承担。政府运行保障部门的职能要远远少于事务性机关的职能，因而政府运行保障的外延也要小于事务性工作的外延。对于狭义的概念，政府运行保障除包含“服务”工作外，还有“管理”工作。例如，对办公用房的分配就包括分配标准如何制定，这实则就是一种管理。如果翻阅2012年制定的《机关事务管理条例》，里面所有提供服务的条目其实都是一种对公权力，即政府行为和公职人员行为的限制。机关办公用房服务为党政机关提供基本的工作场所，但同时对不同级别的使用标准进行了限制；公务用车服务定向保障了公务活动的机动车辆，但也规定了各类车辆的价格、排气量等标准。因而，现代意义上的政府运行保障，显然不再局限于后勤服务保障活动，而是拓展了资产、经费等管理以及公共机构节能、公务人员住房政策管理等活动。出现这种偏差主要是因为机关事务的内涵和外延的厘定不清。

（1）政府运行保障中的保障性“事项”的内涵和外延。政府运行保障的事项讨论的是政府何种事务属于政府运行保障的问题。政府修建经济适用房、廉租房，因其供外部使用而属于公共服务范畴；但当政府修建的房屋为政府部门提供办公用房时，因其供内部使用而属于政府运行保障性事务，所以，这些“事项”的内涵可以界定为供内部使用。“事项”的外延在《机关事务管理条例》中界定为“保障机关正常运行所需经费、资产和服务等的管理事项以及有关服务事项”。其中，经费指为保障机关运行用于购买货物和服务的各项资金，资产包括办公用房、公务用车、办公设备家具、节能设备等通用资产和部分专用资产，服务可细化为公务接待、会议服务、餐饮保障等。此外，《公共机构节能条例》中规定的能源资源节约事项也属于机关事务。为了更清晰地研究，本文将其分为两类：一是资产和服务，资产特指办公用房、公务用车、办公设备家具等具有共性的资产，按类型属于行政事业性国有资产，具有非经营性，其产生的动因是国家机关的设立和职能的需要；服务包括会议、餐饮、物业（资产的能耗、维修、安保服务）、印刷等各部门共性的服务，产生的动因主要是为政务运转和公职人员提供必要的后勤保障。二是经费，改革开放以来，后勤服务进行了社会化改革，原则上将政府各部门原有的后勤岗位从行政序列剥离，转型为现代企业，这是一个后勤服务组织从政府“内部化”到“市场化”转型的过程，此后政府所需的后勤服务和部分资产需要向社会购买，购买这些资产和服务的经费是行政经费的一部分，也是反映政府运行保障活动的另一个重要窗口。理论上，这些资产及其产生的经费源于公共财政，使用情况应受立法机构和民众监督，这是政府运行保障公共性的表现。

（2）“政府运行保障”中“政府”的内涵

无论是公权力主体（行政机关），还是私权利主体（私营企业等）都存在以服务于自身以保障正常运转为目的的事务。那么，何谓“政府运行保障”，除对保障性“事项”的界定外，还需要明确：什么是“政府”？在我国，需要保障的“政府部门”有哪些？“政府”通常指公共权力的承担者与公共权力对象之间的特定机构设置，现实表现为执政党和国家的职能部门机构设置。但“政府运行保障”

中的“政府”又不限于此。《机关事务管理条例》第三十四条规定：“其他国家机关和有关人民团体的机关事务管理活动，参照本条例执行。”“其他国家机关”指的是各级人大、政协、法院和检察院等；“有关人民团体”指的是参加全国政协会议的中华全国总工会、中国共产主义青年团等 8 个人民团体和依照《社会团体登记管理条例》第三条规定的，经国务院批准免于登记的中国红十字会等 14 个社会团体。[①] 此外，《机关事务管理条例释义》还指出，“运行经费由各级财政予以保障的其他机关和单位，其机关事务管理活动也应该参照本《条例》执行”[②]。所以厘定“政府运行保障”中“政府”外延的关键在于运行经费是否由国家财政予以保障。据此，党的机关以及（全部或部分使用财政资金的）事业单位、人民团体均属机关事务中的机关，因为二者运行保障事务均系使用国家财政资金，只不过前者成立了中共中央直属机关事务管理局来统一管理各个机关的运行保障事务，而事业单位的机关运行保障事务则由各个事业单位自行管理。[③]（见表 0-1）

表 0-1　政府运行保障的内涵与外延

	政府	保障性事项
内涵	公权力机关	供内部使用

① 我国立法加强“三公经费”预算编制与支出——国务院法制办、国管局负责人就《机关事务管理条例》答记者问［EB/OL］. 中华人民共和国司法部，2017-07-10.

② 国务院机关事务管理局，国务院法制办公室．机关事务管理条例释义［M］. 北京：中国法制出版社，2012：117.

③ 湛中乐．机关运行保障的立法逻辑［J］. 中国法学，2020（1）：49-66.

续表

	政府	保障性事项
外延	运行经费是否由财政保障（包括党政机关、人民团体、部分事业单位）	保障政府正常运行所需经费、资产、能源和服务等的事项

综上，政府运行保障是指公权力机关对维系自身运行的物质要素的供给与管理，管理的事项包括办公用房、公务用车、后勤服务、机关用地、办公设备家具等，这些同时也构成了其具体的工作内容。机关事务主管部门作为国家与其他国家机构间的媒介，对经费、资产以及服务等各种资源与利益在党政机关各部门之间进行调整、分配与监管。

2. 实质

（1）指向公共组织。私人组织内部当然也存在运行保障，比如，私营企业也需要配备维持企业运行的经费、工作场所、职工宿舍等，但这些不在本书的讨论范围内。本书要讨论的运行保障指向公共组织。其一，政府运行保障工作是政府行政工作的有机组成部分，是政府机关职能活动整体的构成要件。其二，政府运行保障的范围是对保障政府职能正常发挥所提供的物质资源的管理；对象是国家公权力机关。其三，公共组织与私人组织最基本的差别在于法治（rule of law），公共组织存在的每一种因素，目标、结构、预算、人事安排，都是法律权威的产品。公共管理者所采取的每一项行动最终必须追溯到权威的法律授权，而私人组织不必这样。[①] 所以，公共组织

① 费斯勒，凯特尔．行政过程的政治：公共行政学新论［M］．陈振明，朱芳芳，等译校．北京：中国人民大学出版社，2002：9.

中的机关事务每一项管理权都源于法律，需要依法行政。

（2）内部行政行为。针对国家实体对社会管理的外部性工作而言，政府运行保障是一种内部行政行为。其一，从行为主体和行为对象来说，政府运行保障涉及的行为主体和行为对象都是行政机关，管理主体与对象之间的关系是基于行政职务所形成的内部行政法律关系，而外部行政行为的主体不仅包括行政机关，还包括法律法规授权机关和受行政机关委托的组织或者个人。其二，从行为内容看，政府运行保障行为是依据行政隶属关系或者行政职务关系所作的行政权力性行为。这种行为的法律依据是行政法规和党内法规，内容是关于内部组织关系、隶属关系、人事关系、供给关系、服务关系等方面的；而外部行政行为的法律依据是调整社会管理某一方面的法律法规，内容是有关社会公共事务管理关系方面的。其三，从法律效果看，政府运行保障行为一般意义上只影响政府和国家公职人员作为特定公民所享有的权利和承担的义务；而外部行政行为影响的是公民、法人或社会组织所享有的全部法律权利和义务，范围和幅度要大得多。但随着时间和条件的变化，特别是随着社会主义市场经济体制的完善和行政体制改革的深入，当前的政府运行保障越来越具有外部行政行为的特征。例如，随着后勤服务社会化，从行为主体看，机关事务管理涉及购买服务的市场主体；从行为内容上看，涉及与市场主体和社会主体的权利义务关系；从法律效果上看，也涉及市场和社会主体所享有的法律权利和义务。

（3）具有分配性质的行政行为。政府运行保障的管理对象是政府的物质资源，这些物质资源的供给方是国家，需求方为国家行政机构。政府运行保障的实质就是机关事务主管部门作为国家的委托—代理机构，对经费、资产以及服务等各种资源与利益在党政机关各部门之间进行调整、分配与监管的过程。① 故而，政府运行保障的本质是一种具有分配性质的行政行为。从保障的供给者——机关事务管理部门来说，需要制定标准、组织监督检查、控制投入和成本；从保障的需求方角度，希望更加完备的保障、更加专业的品牌化服务、更加高效的智能化服务、更加匹配的个性化服务、更加精细化的管理。如何在这两者之间进行平衡，这是政府运行保障的关键。

（二）政府运行保障体系

相对于政府治理体系而言，政府运行保障因主要统筹政府所需物质资源的供给和管理，相较于对社会提供的公共服务具有特殊性，这种特殊性体现在组织、制度、文化和治理方式等各方面，因而自成体系，可以用“政府运行保障体系（或系统）”加以概括。同时，它也并不是孤立的，其发展和演变受到制度环境的影响，即以经济体制改革为前提，以政府治理体系现代化为方向，应动态地进行审视。

政府运行保障由一系列对政府所需物质资源权威性分配的互动行为组成，将这一行政行为视为一个系统，包含组织结构、制度、价值与治理资源四个相互作用的基本要素。组织结构要素一是指组织内部结构，即政府运行保障中相关主体的权责划分，包括纵向组

① 湛中乐．机关运行保障的立法逻辑［J］．中国法学，2020（1）：49-66.

织要素的联结，即中央到地方各级机关事务管理部门间的层级关系；横向要素的联结，即同一层级不同治理主体间的关系，如机关事务管理部门与财政部门、国土资源部门（现自然资源部门）、住建部门的协同关系；机关事务主管部门与其他政府部门在政府运行保障相关事务性工作中的管理与被管理、保障与被保障的关系。二是组织边界机关事务管理部门（行政单位）与提供服务的组织（事业单位或公司等市场主体）间的关系，即后勤服务体制。制度要素规定了实际政府运行中物质资源的配置方式以及各相关权力主体间的互动方式，包括正式制度，如资产管理制度规定了财政部门、机关事务管理部门以及政府各部门在资产全流程管理中的职责分工，以及服务标准等非正式制度。文化要素指政府运行保障的价值取向，在为政府部门及其公职人员提供保障时，不仅需要以制度和规则的形式协调各方利益关系，还需要在多重价值取向中进行平衡来实现保障的效率与公平，就需要以文化和价值导向为规范，政府运行保障管理中存在多重价值导向，如宏观层面基于对“物”的规范化管理而衍生出的对政治合法性的支撑，微观层面的节约、奉献等具体的价值内涵。治理资源要素指政府运行保障管理过程中各种技术工具的运用，如集中办公区建设、服务供给方式的社会化、保障的数字化等。

我国的政府运行保障体系现代化以经济体制改革为前提。计划经济时期，政府运行保障体系体现出强烈的单向度特征，即单一主体（政府）输出资源配置，目的是保供给。伴随着改革开放的光辉历程和社会主义市场经济的不断发展，我国已从需求侧的物质匮乏阶段逐步发展到了供给侧的物质过剩阶段，在政府物质资源的配置方式上，多主体特征日益凸显，政府运行保障的工作重心也逐步从过去的“保供给”转变为新时代的“保障效能的提升”。

政府运行保障体系现代化以政府治理体系现代化为依据。政府治理体系现代化包含行政体系内部权力结构合理化、权力运行规范化和公民权利实现和保障机制的优化。因此，作为政府治理体系重要组成部分的政府运行保障体系现代化，尤其是组织结构设计，亦应着力于完善体系内相关权力主体的权责划分，改革不适应实践发展要求的体制机制，健全法律法规，尤其是处理好政府与市场的关系、集中管理与分散管理的关系，创新保障方式，实现保障的制度化、规范化、程序化，以提高体系复杂性管理的能力，在统筹与控制、保障的优质化和管理的规范化之间寻求平衡，最终提高政府运行保障效能。

（三）组织结构

组织是各种活动和行为的载体，一般的行动或活动都需要依托组织得以开展；结构是组织内部的构造，关系着权力如何配置、职能如何设置，体现为内设机构、人员安排等具体形式。本书主要分析的是政府组织结构，将其分为组织内部结构和组织边界结构两部分。

1. 组织内部结构

组织内部结构即体制化结构，指组织内部各部分间关系，包括组织纵向层级和横向层级，具体来说，包括权力、职能、责任、人员、制度规则等要素。

(1) 权力要素

政治管理行为是政治权力主体的基本行为，是发生于政治权力主体与其他政治社会力量和社会成员之间的政治行为。① 政治管理活动一般都需要运用政治权力来实现。政治权力以合法强制的方式，实现并分配着政府运转所需的物质资源，规定着分配的规则。在政府运行保障中，对机关资产来说，管理权限包括产权界定、清查登记、设计规划、调配调剂、经营使用、修缮维护等；对机关经费来说，管理权限包括各部门与机关运行相关的预算管理、专项经费管理、住房资金经费如公有住房的出售收入、维修资金和住房公积金的管理。

(2) 职能要素

职能是政府管理体制和机制建立的基础。职能的确定和改革，是体制机制、机构编制、资源配置改革的依据。政府运行保障的职能本质上是国家机关承担的日常事务工作，尤其是管理性活动和任务。

(3) 责任要素

责任与权力相对应，是对权力主体的行为规范，它包含权力对象的利益要求对于政治权力主体进行管理活动的命令性规范、允许性规范和禁止性规范，分别体现为管理活动应该怎样行为、可以怎样行为以及不能怎样行为。② 政府运行保障作为一种管理行为，与其

① 王浦劬，等．政治学基础［M］．北京：北京大学出版社，2018：175.
② 王浦劬，等．政治学基础［M］．北京：北京大学出版社，2018：179-180.

管理权力相对应的是责任。这种责任性一方面体现为对政府运行及其公职人员提供更为完备、高效和精细化的保障，另一方面体现为对政府使用资源的管理和约束。前者是受益性的，后者是约束性的。

(4) 人员要素

人员要素有两个基本含义：一是政府运行保障需要专业性人员。政府运行保障既是一项理财管物、服务保障的事务性工作，又是一项兼具政策性、技术性、专业性的工作。它涉及诸多学科和领域，如建筑学、财政学、管理学、法学等。做好这一工作需要高素质的专门性人才。二是政府运行保障工作既要保障政府运转，同时也要保障公职人员的基本工作和生活需求。从这个角度来说，政府的公职人员也是政府运行保障的对象，政府运行保障与机关和干部职工的生产生活息息相关，这里涉及的内容包括对公职人员住房公积金的管理、保障性住房的分配、职工食堂以及职工子女入学等事项。随着社会主义市场经济的发展，有些事项也会随之增减。

(5) 制度规则要素

制度规则指政府运行保障规则和规范的结构性集成，本质上是权、责、能的规范性集成。一方面，政府运行保障以规则的形式体现不同主体的组织结构和方式，在管理总体格局中，政府部门之间、各级政府之间定位各方主次关系，进行权力配置，划分各方职责。另一方面，在保障过程中，需要按照一定的管理标准和服务标准进行管理，这些标准也是制度规则的组成部分。

2. 组织边界结构

“组织边界”的概念最早在经济学领域提出和应用。经济学家罗纳德·哈里·科斯（Ronald H. Coase）提出“企业边界”思想，即企业规模取决于交易成本与内部管理成本的比较，当企业内部交易费用低于市场交易费用时，企业规模会扩大，反之则应该缩小。① 奥利弗·E. 威廉姆森（Oliver E. Williamson）进一步提出，企业需要通过边界调整、减少边界冗余才能提高管理效率。② 美国社会学家W. 理查德·斯科特（W. Richard Scott）于1964年首次在一般组织理论意义上使用了“组织边界”概念，此后，管理学和组织社会学不断对这个概念进行阐述。对于组织边界结构，一般理论多从组织与环境互动角度来理解。詹姆斯·汤普森（James Thompson）认为：每一个组织（或系统）都有其独特的活动“领域”，而组织边界则是这个领域与外界环境之间的明确“界线”。在较为封闭的组织系统中，这些边界可能表现得更为稳固且不易渗透。然而，在现实中，大多数组织被视作开放性系统，它们既通过与环境的交互进行必要的资源交换，同时也深深根植并受环境所塑造。因此，组织边界的功能不仅限于将内部与外部环境分隔开来，它们同样具备可渗透性，使得组织与环境之间能够进行有效的互动和融合。③

随着时间的推移，组织的边界并非一成不变。其中，内外环境的需求是推动组织边界变动的主要因素之一。面对环境的不断演变，组织必须灵活调整其目标、结构和功能，以确保在与环境相适应的

① COASE R H. The Nature of the Firm [J]. Economics, 1937, 4 (16): 386-405.

② WILLIAMSON O E. The Economic Institutions of Capital - ism: Firms, Markets, Relational Contracting [M]. New York: Free Press, 1958.

③ 汤普森. 行动中的组织：行政理论的社会科学基础 [M]. 敬乂嘉，译. 上海：上海人民出版社，2007：29-30.

过程中获取持续生存和发展的机遇与空间。另一关键因素在于组织需要解决问题的性质。在一个日益复杂、充满不确定性和风险的社会背景下，许多组织（特别是政府等公共组织）所面临的问题越发呈现出跨界特征。针对这类跨域问题，组织单纯依靠内部资源往往难以应对。因此，建立跨组织结构（如组织间网络关系），使组织跨越内部和外部的界限，采取更为灵活和创新的行动策略，以应对复杂多变的挑战成为解决这些问题的有效方式。①

综上，在组织持续成长的过程中，其边界的拓展是通过不断地渗透和扩张来实现的。随着组织跨界活动的日益增多，组织间的界限逐渐变得模糊。这种模糊化更多体现在政府与非政府组织之间的边界上，从而催生了新的组织边界结构。这种新的组织边界结构，实际上是复杂社会系统（外部环境）与体制化结构相互作用下的组织结构创新。它涵盖了多个主体之间的动态互动关系、错综复杂的网络联系，以及组织文化的交融与碰撞。组织边界结构指与体制化结构相对应的复杂社会系统（外部环境）所形成的组织结构创新，包括各主体间的互动关系、网络关系、组织文化等。

（四）政府运行保障体系的组织结构

政府运行保障体系本身具有结构性。结构性指机关事务管理机构作为整个政治与社会系统的子系统，与外部环境发生的关系。一般而言，政府公共服务面向社会公众，其基础关系是政府与市场、

① 余亚梅，唐贤兴．组织边界与跨界治理：一个重新理解政策能力的新视角［J］．行政论坛，2020，27（5）：52-58.

社会的关系，派生关系是政府间关系。而政府运行保障面向政府，为其提供服务保障，其基本关系是政府间关系，随着机关后勤社会化改革，政府在对内提供服务时，也需要向市场购买服务，故而派生关系是政府、市场与社会的关系。

本书对政府运行保障体系组织结构的研究包括两部分。

1. 组织内部结构

政府运行保障的管理范围涵盖所有政府机构，管理主体涉及多个部门，因而其行政组织呈现出一定程度的系统性：在这个组织体系中，不同的部门司掌不同的机关事务管理职能，并实施相应的管理，具体体现为横向层面不同政府部门在机关事务管理中的协作关系，以及机关事务管理部门内部各职能机构的关系；同时，机关事务管理的组织也有一定的序列和等级，体现为纵向层面中央与地方各层级机关事务部门间的关系。

对我国目前政府运行保障体系来说，横向上包括：（1）各级政府的机关事务管理部门与政府各部门中的机关事务管理机构（办公室、后勤）的关系。中央层面，现行的机关事务管理部门的组织结构是多个职能结构的“并联”组合，即每个单位都设立有“大而全”或“小而全”的机关事务管理机构，同时国家机关事务管理局对各单位政府运行保障事项进行管理。地方层面，各级政府基本将各部门后勤服务相关职能统合进统一的机关事务管理部门，但各部门依然在办公室或财务部门保留处理本单位机关事务的职位和人员。（2）机关事务管理部门与财政部、国土资源管理部（现自然资源部）、住建部等相关部门的关系。政府运行保障中面对的都是非常具体实际的工作，不管是办公用房、公务用车、职工住房、财务、节能、公积金的管理，还是餐饮、绿化、保洁等后勤工作，都需要具备较高的专业化程度才能实现更高的劳动生产效率。不同职能的管理对象、程序、目标等区别较大，比如，办公用房管理与办公区节能管理显然不同，所以按职能设立部门有助于强化管理的专业化程度。要想解决机关事务管理职权交叉、职责重叠、权责混乱的问题，就需要建立线性程度更高的职权职责体系，也就是专业化、职能化体系。纵向上包括：（1）机关事务管理部门、各单位机关事务管理部门与其直属机构相关部门的关系。在我国，许多单位还有垂直管理部门和直属机构，如民航系统有院校、科研机构、医院、新闻出版单位等。从隶属关系来看，垂直管理部门和直属机构直接受机关总部的领导，但是从机关事务管理来看，各自成体系。机关本级由机关服务中心等负责其机关事务管理，而垂直管理部门和直属机构通常由其总务处、后勤处或机关服务公司等负责相关工作。而且，垂直管理部门和直属机构的机关事务管理常常存在各自为战、自成体系的情况。（2）中央与地方机关事务管理部门的关系，即各级政府机关事务管理部门与下级机关事务管理部门的关系。

内部结构变革一般指组织内部结构重组，研究的内容包括改革的形式（具体内容）、原因（驱动力）、效果等方面。政府运行保障体制自改革开放至今经历了从分散管理向集中管理的转型，组织的内在结构也从部门自我保障的分散型向一级政府设置一个机构统一保障转变。在 1998 年行政体制改革和财政预算改革前，保障政府运转的物质资源在财政包干制基础上由各部门自己管理，加之各部门都有自己的预算外经费，政府运行保障体制呈现出分散管理特征。1998 年行政体制改革和财政预算制度建立后，国家在机关运行经费、资产、后勤服务等各种领域逐步制定了相关制度规范，在体制上表现为一级政府逐步将办公用房、公务用车等通用资产的管理职能集中于一个部门，即职能归口。党的十八大后，社会对“三公经费”的关注，以及从严治党的要求，使得政府运行保障领域的各种制度从具有“部门私属性”的内控制度上升至具有“公共性”的国家制度，这一改革以 2012 年《机关事务管理条例》为标志。制度的颁布需要由统一的机构推动和执行，地方各级政府均成立机关事务管理机构，将此前集中起来的职能整合进机构，即机构建设。党的二十届二中全会强调：“继续推进党和国家机构改革，目的是推动党对社会主义现代化建设的领导在机构设置上更加科学、在职能配置上更加优化、在体制机制上更加完善、在运行管理上更加高效。”① 在这一大背景下，政府运行保障体制继续调整职能和机构设置，尤其在目前的大数据时代，政府运行保障进一步探索数字化平台保障模式，以技术推动机构精简与职能重塑。

2. 组织边界结构

主要研究体系外机关事务管理部门与市场主体的关系，以及对边界结构的治理机制。

政府运行保障体系中哪些职能被“外在化”，哪些职能被“内在化”，这也是组织结构变革的第二个表现。改革开放后，政府运行

---

① 习近平．深化党和国家机构改革 推进国家治理体系和治理能力现代化［J］．求是，2023（14）：4-7.

保障体系组织结构的变革始于后勤服务的社会化改革，即将服务职能从政府组织中分离出去。1983 年 6 月，中央书记处第 70 次会议在听取中央和国家机关机构改革小组汇报，首次提出将后勤服务分离并通过社会化逐步解决的思路，“后勤服务同机关工作分开；打破部门界限，按地区联合；逐步过渡到社会化”①。1989 年 3 月，《关于中央国家机关后勤体制改革的意见》（国机中编〔1989〕7 号）进一步提出将机关事务工作分解为管理职能和服务职能，将服务外包，并确定机关后勤能够对社会提供服务，实行承包经营责任制。② 这一改革将政府所属的部分服务以不同形式转向经营领域，如政府各部门所管辖的招待所、印刷室由对内服务转为对外经营。1993 年起，机关后勤社会化改革开始向企业化迈进。③ 此后，政府所需的服务需要向市场购买，这场管理与服务分开的改革实质上就是后勤服务职能和机构外在化，将原来组织内部科层制关系转变为组织间市场关

① 国务院机关事务管理局大事记编撰委员会．国务院机关事务管理局大事记（1950—1995）[M]．北京：国务院机关事务管理局，1995：548.

② 参见《关于中央国家机关后勤体制改革的意见》（1989），以及相关配套文件：《行政后勤服务费预算管理暂行办法》《附属自收自支单位财务管理办法》《中央国家机关食堂管理办法（试行）》等。

③《国务院各部门后勤机构改革实施意见》（中编办〔1993〕33 号）提出：“按照党的十四大和《中共中央国务院关于加快发展第三产业的决定》，以及《中共中央关于印发〈关于党政机构改革方案的方案〉和〈关于党政机构改革方案的实施意见〉的通知》精神，机关后勤机构改革要以机关后勤服务社会化为目标，分三步推进：第一步，将后勤服务部门从机关行政序列中划出，改为事业单位，使用事业编制，列支机关事业经费，与机关行政序列脱钩。后勤服务以本部门为主，与机关建立经济核算关系，实行多种形式的承包经营责任制，独立核算。第二步，经过过渡，服务机构在保障机关服务的前提下，有条件的可实行定额补贴，对机关进行有偿服务。第三步，各部门的经营服务实体打破部门分割，进行区域性联合，逐步实现机关后勤服务的社会化，有条件的可自收自支实行企业化管理。”

系，即组织边界调整的过程。2012 年以后，政府运行保障集中统一改革逐步将一级政府各部门各自的后勤服务单位整合到统一的机构（或企业）下，这种“平台化”的管理模式也是组织边界调整的方向。

三、研究综述

（一）组织结构变革理论

1. 组织结构变革的类型

（1）一般组织结构及其变革

一般认为，存在七种可辨识的组织结构形式：简单结构、科层结构、职能结构、多分部结构、矩阵结构、无定型结构、网络结构。简单结构一般存在于人数相对较少、组织结构目标单一以及技术相对明确的小型组织中。在这种组织中，每位成员的职责较为明确且分工清楚。简单结构一方面由于有协调与控制的需求会在纵向上发展出科层结构，另一方面由于职能的不断分化和劳动分工导致的专业化加剧，也会在横向上发展出具有不同职能的组织结构，形成所谓的职能结构形式。科层结构主要描述的是组织在纵向上的组织形式，主要强调的是组织的层次及把各层次关联起来的命令链。职能结构更多地反映了组织在横向上不同职能间的相互独立及不断分化的趋势。随着职能的不断分化和劳动分工的不断加剧，组织在其职能和产品之间会存在一定的矛盾，组织通常会发展出多分部的组织结构形式来应对职能分化趋势和产品整合趋势之间的对立关系。所谓多分部结构形式指组织在总部按照传统的职能结构形式组织，而同时又根据不同的产品设立不同的分部的组织结构形式。事实上，每一个分部组织的结构都类似总部，即一般都是采用职能结构的形式。如果说多分部结构是通过设立额外组织的形式来应对组织的职能和产品之间矛盾的一种方式的话，另外一种应对方式则是在一个组织里进行的矩阵结构便是这种力图在整个组织内部解决前述矛盾的组织形式。矩阵结构指一种具有双重领导体制的组织结构形式。一般来说这种组织形式在横向上还是按照职能分化的形式根据不同的职能设立不同的职能部门；而在纵向上则按不同的产品设立不同的产品部门。随着组织理论的发展，学者们关注的焦点不再仅仅局限于特定组织本身，而是会更多地从更加宏观和更为现实的层面出发考察组织的结构，组织不再被看作具有单一目标的静态结构，而是被视为一个不断适应外部环境变化的自适应动态系统。在这种视角下的组织结构也不再是固定的或静止的，有学者提出了无定型结构的概念来描述新形势下的组织结构形式，即组织的设计者通常会把组织设计成由许多相互独立的部件构成的灵活结构，当组织面临不同的任务环境时，这些组织部件可以灵活地重组以适应新的环境需求。信息技术的急速发展为人与人之间的互动方式提供了新的可能，帮助人们极大地克服了由时间和地域等因素带来的限制。由于组织在其本质上是一种协调和控制组织成员的工具，而在信息时代，人与人之间的关系又被重新定义，组织的结构因此也有了新的发展。一种基于互联网的网络型组织结构逐渐出现并获得人们的逐步认可。网络型组织结构既可以指某组织结构的虚拟化，也可以指各实体组织之间形成的一种松散偶联的组织系统，网络型组织的核心特点在于其内部要素间的松散偶联性以及由此带来的弹性。①

在不同时期的组织理论中，组织结构变革的侧重点不同。古典组织理论注重生产效率的提高，侧重于正式组织及其内部管理方式的探讨。弗雷德里克·温斯洛·泰勒（Frederick Winslow Taylor）的“科学管理”和马克斯·韦伯（Max Weber）的“科层制”组织形式是这一时期的典型代表。新古典组织理论则认为组织是开放式的复杂系统，一般组织包括正式结构和非正式结构，此时的组织形式都是一种单一组织形式，即简单结构、科层结构、职能结构。随着生产的发展和社会复杂程度的加深，组织结构也开始向复杂化方式发展。20 世纪后半叶，现代的组织结构理论开始关注组织的垂直分化和水平分化的议题，由此发展出多分部结构、矩阵结构以及非正式结构等。至后信息时代，相对于实体结构，组织理论多认为组织结构是无定型的，网络结构模糊了组织的实体结构和虚拟结构的边界，把与组织相关的各方面通过虚拟结构连接到一起，重新定义了组织结构，无定型结构和网络结构即为这一时期组织结构的发展。②

（2）政府组织结构变革

自工业革命以来，政府组织结构以韦伯的科层制为底色和模板，科层制推崇规章约束和理性秩序，通过职能分工和职位分层对复杂任务进行简化，以提高行政效率。随着社会公共事务复杂性的加剧，

---

① 罗宾斯，库尔特．管理学［M］．第 13 版．刘刚，程熙镕，梁晗，等译．北京：中国人民大学出版社，2017：187.

② 田凯，等．组织理论：公共的视角［M］．北京：北京大学出版社，2020：79-110.

科层制难以适应公共管理情境变化，也难以回应公众需求，政府组织结构变革以此为背景。20 世纪 80 年代的新公共管理理论提出“政府为顾客服务”[1] 的理念，提出重新配置政府与市场的权力格局，将公共产品供给权和资源配置权从政府转移至市场主体。随后的新公共服务理论进一步要求在公共物品供给中引入公民参与，提出“协作型政府”模式。对政府组织结构变革来说，这两种模式本质上是将政府组织内部关系（科层关系）转变为组织间关系，即政府组织边界的调整。

聚焦于改革科层制政府本身的新公共管理模式试图通过市场化或网络化社会参与等方式让政府更多地敏感于公众需求，但因过于重视服务于单一组织任务的绩效管理，忽视了政府内部组织间的横向协作，不同部门职能重叠、政策规定相互冲突，[2] 部门协作难题日趋凸显。此后，政府组织结构改革的天平又重新回到政府组织内部。“大部制改革”提出部门合并。大部制即为推进政府事务综合管理与协调，按政府综合管理职能合并政府部门，组成超级大部的政府组织体制。特点是将几个业务相近的部门合并，从而最大限度地避免政府职能交叉、政出多门、多头管理，从而提高行政效率，降低行政成本。2013 年 3 月 10 日披露的国务院机构改革和职能转变方案表明，新一轮国务院机构改革即将启动，国务院组成部门将减少至 25 个。

① 奥斯本，盖布勒．改革政府：企业家精神如何改革着公共部门［M］．周敦仁，等译．上海：上海译文出版社，2006：5.

② O'FLYNNN J, BUICK F, BLACKMAN D, et al. You Win Some, You Lose Some: Experiments with Joined - Up Government [J]. International Journal of Public Administration, 2011, 34 (4): 244-254.

“整体性政府”提出搭建跨部门协同机制。[①]“整体性政府”（whole-of-Government，holistic Government，jointed-up Government）强调在不改变部门职能边界、尊重部门职能边界存在的前提下，通过搭建跨部门机制，实现公共部门的纵向、横向跨部门协作，化解政府组织结构“碎片化”问题，提升政府跨组织协作能力，[②]应对部门间的复杂协作议题，[③]为公众供给更加顺畅的无缝隙公共服务。[④]“整体性政府”起初更多被称为“联合政府”（jointed-up Government）。1997年，英国托尼·布莱尔（Tony Blair）政府推行公共部门改革，认为单一部门难以处理长链条、追踪性社会问题，[⑤]首次提出“联合政府”的概念，用以解决公共部门跨部门、跨行政层级、跨政策领域协作的制度工具。[⑥]整体性政府倡导的跨部门机制主要包括以下两种方式。一是成立新的协调机构。英联邦国家广泛成立此类机构。尽管各国对整体性政府概念的具体表述不同，但总体上都是通过搭建正式、非正式的跨部门协调机制，促进多部门协作，以实现共同

① CLARKE M，STEWART J. Handling the Wicked Issues［M］. Birmingham：University of Birmingham，1997：273-280.

② CLARKE S E. Governance Tasks and Nonprofit Organizations in Hula，R. and C. Jackson-Elmoore. Nonprofits in Urban America. Greenwood Publishing，2000：199-223.

③ CHRISTENSEN T，LAEGREID P. New Public Management：Design，Resistance，or Transformation［J］. Public Productivity & Management Review. 1999，23（2）：169-193.

④ 波利特，鲍克尔特. 公共管理改革：比较分析［M］. 夏镇平，译. 上海：上海译文出版社：2003.

⑤ HOOD C. The Idea of Joined-Up Government：A Historical Perspective［M］// VEMON B. Joined-Up Government. Oxford：Oxford University Press. 2005：45-89.

⑥ MARSH D，RICHARDS D，SMITH M J. Changing Patterns of Governance in the United Kingdom：Reinventing Whitehall?［M］. London：Palgrave Macmillan，2001.

的组织目标。[①] 我国的“小组政治”是一个典型的案例。二是构建新型伙伴合作关系。部门间伙伴关系的成员不仅限于政府部门，还包括个人、组织机构的部分、整个组织、公共部门、私人部门，以及志愿组织等。[②] 组织间的合作伙伴关系可以通过共建组织目标、领导机制、工作团队，共享预算、资源、信息，以及部分结构性合并等多种方式搭建。[③]“大部制改革”和“整体性政府”这两种方案又因不挑战部门间职能划分，难以深入部门内部回应职能配置不合理、业务流程不顺畅带来的协作难题和治理效能低下等问题。职能重组[④]是推进政府机构改革的另一种方式。职能重组是将多个职能部门中的部分职能剥离原部门，合并重组为新部门。不同于大部制改革，这是一种重组思维，不是合并思维。新部门并非简单将同类职能部门整体合并，而是由多个部门的部分职能汇集而成。在部门规模和职能覆盖面上不一定成为更大的部门，但却是一个全新的部门。不同于整体性政府理念，职能重组需要打破原有部门的职能边界，将政府已有职能根据新的原则进行组合。这是一种更为精细的机构改革方式，需要深入多个部门内部，提取部分相关职能、重新组合。

---

① O'FLYNN J, VARDON S, YEATMAN A, et al. Perspectives on the Capacity of the Australian Public Service and Effective Policy Development and Implementation [J]. Australian Journal of Public Administration, 2011, 70 (3): 309-317.

② 王佃利，吕俊平．整体性政府与大部门体制：行政改革的理念辨析［J］．中国行政管理，2010（1）：105-109.

③ Ling, Tom. Delivering joined - up government in the UK: Dimensions, Issues and Problems. Public Administration, 2002, 80 (4): 615-642.

④ 张楠迪扬，张子墨，丰雷．职能重组与业务流程再造视角下的政府部门协作：以我国“多规合一”改革为例［J］．公共管理学报，2022，19（2）：23-32，166.

职能重组的本质是突破原有的部门职能分类依据，依照全新的分类标准构建新的部门。这是对同质行政管理对象的识别和界定。十九届三中全会进一步提出“优化机构设置和职能配置，坚持一类事项原则上由一个部门统筹、一件事情原则上由一个部门负责”[①]，此后我国在各领域开始了“大部门制”改革，是职能重组的写照。比如，2018 年国务院机构改革中，自然资源部的组建就属于此例。新组建的自然资源部将国土，以及附着在国土上的水、森林、草原、海洋资源纳入“自然资源”的概念范畴，由单一部门统一履行全民所有自然资源资产所有者职责。再如，新组建的应急管理部围绕灾害应急管理将原先分散在多个部门的职能加以整合，包括“应急管理部的职责，国务院办公厅的应急管理职责，公安部的消防管理职责，民政部的救灾职责，自然资源部的地质灾害防治、水利部的水旱灾害防治、农业农村部的草原防火、国家林业和草原局的森林防火相关职责，中国地震局的震灾应急救援职责以及国家防汛抗旱总指挥部、国家减灾委员会、国务院抗震救灾指挥部、国家森林防火指挥部的职责”[②]。政府运行保障体系的改革也属于此类型，即抽取政府各部门后勤服务职能，统一整合进同级政府的机关事务管理部门。

无论是新公共管理范式，还是整体性政府范式，都暗含着政府与公众的对立性思维，未正视政府与社会的同一性，理论的天平一直在二者之间摇摆。随着公共事务的复杂性、民众需求的多样化和

① 机构改革：推进国家治理现代化 [EB/OL]. 搜狐网，2018-03-17.

② 张楠迪扬，张子墨，丰雷. 职能重组与业务流程再造视角下的政府部门协作：以我国“多规合一”改革为例 [J]. 公共管理学报，2022，19 (2)：23-32，166.

一体性的出现，如何既一体化回应公众需求，又能在政府的专业性和协同性间寻求平衡成为建构现代政府理论的关键。近年来，“集成型政府”“平台型政府”“界面型政府”等新的政府理论，均试图在尊重社会和民众需求以及科层制特性基础上改革政府体制，解决这一难题。“集成型政府”强调打造综合性界面组织与政府组织衔接，使服务对象从与一个个政府部门打交道转而只需通过一个界面就能满足所有需求。[①]“平台型政府”更侧重从数字化角度讨论政府形态。[②]“界面型政府”可看作二者的整合，涵盖了对实体组织和虚拟组织的描述。[③]“界面政府”理论中的界面组织一方对接政府各部门，一方对接社会（市场主体和社会成员），因而它既是对组织内部结构调整的总结，也是对组织边界结构变革的回应。从理论溯源来看，英国学者赫尼斯（Tor Hernes）批评了组织结构的最新形式是向“无边界”发展的观点，他坚持认为边界是现代组织所固有的特性，组织内和组织之间的边界并没有消失，相反，它们不断地被重新绘制、重新商定，边界对组织、群体和个体的作用需要进行重新思考，尤其需要考虑边界渗透性中的文化差异所引起的一些组织后果。[④]罗恩·阿什肯纳斯（Ron Ashkenas）等在《无边界组织》一书中认为，

① 赖先进．集成型组织：基层政府治理新结构的生成逻辑与调适机制［J］．党政研究，2023（1）：84-92，127；李华胤．集成式联结：党组织何以引领社会治理共同体的构建［J］．华中师范大学学报（人文社会科学版），2023，62（1）：43-51.

② 韩万渠，柴琳琳，韩一．平台型政府：作为一种政府形态的理论构建［J］．上海行政学院学报，2021，22（5）：58-67.

③ 李文钊．界面政府理论：理解互联网时代中国政府改革的新视角［J］．中国人民大学学报，2021，35（4）：11-18.

④ 保尔森，赫尼斯．组织边界管理：多元化观点［M］．佟博，陈树强，马明，等译．北京：经济管理出版社，2005：3-20.

无边界组织（boundaryless organization）是一种有机组织，它不是“没有边界”，而是指组织的边界不是由某种预先设定的结构所限定或定义的组织结构，这需要采用打破组织壁垒的方式，形成开放与合作的组织结构，具体措施包括重新界定外部边界、打破水平边界、摧毁垂直边界、适应彻底改革的灵活性和跨越地理边界。① 组织生态学理论提出组织结构、组织之间的关系等主题研究需要组织动态性边界的理论支持，“理解组织边界的动态性就意味着要明晰社会环境对边界过程强度和精确性的影响”②。边界成为组织理论结构创新的一个基本工具。我国现有的研究关注的是横向与纵向政府的交界。“河长制、街长制和路长制是微观层面治理界面的重构。”③ 有些研究关注的是政府与市场的交界。还有“互联网是虚拟界面重构，网络为界面提供了新平台和空间，这使得界面可以超越时间和空间的限制，为所有政府部门连接在一起形成统一界面为民众提供服务创造了可能性”④。在政府运行保障领域，目前已有一些省市开始采用构建界面进行治理的实践。例如，一些省市的机关事务管理部门在几个分散的集中办公区设置对接机关事务管理局职能机构和被保障部门的派驻组织，这是实体界面的重构；一些省市建设了机关事务

① 阿什肯纳斯，尤里奇，吉克，等．无边界组织［M］．姜文波，刘丽君，康至军，译．北京：机械工业出版社，2016：9-11.

② 汉南，弗里曼．组织生态学［M］．彭璧玉，李熙，译．北京：科学出版社，2014：29-33.

③ 韩志明，李春生．治理界面的集中化及其建构逻辑：以河长制、街长制和路长制为中心的分析［J］．理论探索，2021（2）：61-67.

④ 李文钊．界面政府理论：理解互联网时代中国政府改革的新视角［J］．中国人民大学学报，2021，35（4）：11-18.

数字化平台，这是虚拟界面的搭建。

2. 政府组织结构变革的影响因素

组织结构变革的影响因素一般包括五方面：一是环境要素，指组织之外所有影响组织生存和实现其目标的能力的重要因素。二是目标与绩效，指组织要实现的战略目标及阶段性计划，也包括实现目标的具体措施。三是工作与技术，指组织达成目标的任务分解及其投入。四是正式组织，包括组织内部人力资源的安排、工作岗位的设计以及组织结构。五是非正式组织。一般来说，非正式组织指影响组织运行的自身属性，包括组织文化、行为准则、价值取向等。本书主要从制度环境角度分析政府组织变革，因而对政府组织变革环境要素的相关研究范式进行梳理。将制度环境作为政府组织变革重要影响因素的理论如下。

（1）系统论。系统分析是社会科学的重要方法之一，该方法认为，由若干相互联系和作用的要素组成的具有一定结构和功能的有机整体称为“系统”（system），具体包括组成该体系的基本要素、要素间联系和作用的方式（“结构”），以及由这些基本要素通过特定方式联系而形成的有机整体及其内部各要素所具有的“功能”。① 戴维·伊斯顿（David Easton）首先将这一方法引入政治学研究，并从两部分加以讲述。一是政治系统本身的界定。政治系统是社会系统中与社会性价值的权威分配有关的一系列互动行为，② 由组织、成员以及组织能力、成员影响力等要素组成，各要素间相互依赖，且

① 俞可平．西方政治分析新方法论［M］．北京：人民出版社，1989：17.
② 俞可平．西方政治分析新方法论［M］．北京：人民出版社，1989：20.

政治系统内部具有层级性，由若干政治子系统组成，这些子系统可视为一系列与决策过程有关的中间性团体。二是政治系统与环境的互动（transaction），即政治系统的输入与输出。外部环境通过“输入”影响政治系统的运行，[①] 政治系统对“输入”进行加工并转换为政府的决策和活动，即“输出”，这已加工的过程可视为系统内的转换过程。[②] 此后，输出又会影响成员再次向系统表达输入的方式和内容，并再次进入系统，这一过程即“反馈”。政治系统在这种与外部环境进行“输入—内部转换—输出”的互动中，完善系统内部各要素，并与外部环境进行良性互动，以此维系系统的稳定和持续发展。西方系统论在应用于具体政治现象时，更重视分析系统的“输入”和“输出”，加布里埃尔·阿尔蒙德（Gabriel A. Almond）在这一框架基础上将“输入环节”细化为“利益和需求的表达”“利益整合”“政治社会化”“政治沟通”，将“输出环节”细化为“法规制定”“法规试行”“法规调整”，但对于系统本身没有过多拓展。

复杂适应系统理论关注组织结构创新中主体之间的互动及其对环境的复杂适应过程。约翰·H. 米勒（John H. Miller）认为，“复杂适应社会系统由那些富有思想（尽管不一定出色）的主体之间的交互作用而形成”[③]。他指出，组织创新可用的网络有迴圈（loop）、网格（grid）、群族（pack）、双迴圈（2loop）四种基本类型。这些

① 伊斯顿．政治生活的系统分析［M］．王浦劬，等译．北京：华夏出版社，1998：32.

② 伊斯顿．政治生活的系统分析［M］．王浦劬，等译．北京：华夏出版社，1998：35.

③ 米勒，佩奇．复杂适应系统：社会生活计算模型导论［M］．隆云滔，译．上海，上海人民出版社，2012：109.

网络的基本类型通过主体间的交互作用，能够有效地影响系统行为。复杂适应系统是一种开放系统，它的可理解性可以在它与环境的关系中寻找，“系统的实在本质因此既存在于开放系统与其环境的联系中”①。这说明，组织结构创新的动力不是来自内部，而是来自如何有效地适应其外部环境。

我国学术研究也很重视系统分析，但认为系统论不只强调系统的“整体性”及其与外部环境的关系，更关注系统内部的组成要素及要素间的关系。② 对政治系统来说，不仅要分析政治系统与外部环境的互动，也要分析政治系统内部各要素及其组织方式、发挥的功能。其一，政治系统与环境的互动构成了政治系统变迁的主要动力；其二，对于政治系统本身来说，系统由若干要素构成，所谓要素，是构成政治行为的必要因素，一般包括价值、制度、组织、机制等可以支撑政治互动行为的要件。系统变革是由不同环境要素（有可能是单一要素，也有可能是要素的组合）作为动力机制作用于系统内不同的要素（或要素的组合），通过触发系统局部性变动而引起的。

（2）历史制度主义。作为一种重要的研究传统，历史制度主义关注时间中的序列和时机是如何影响政治经济制度的起源与流变的。不同于所有使用历史方法进行研究的学者，历史制度主义强调“历史的动力塑造了国家和社会的组织结构，而这些结构进一步使社会

① 莫兰．复杂性思想导论［M］．陈一壮，译．上海：华东师范大学出版社，2008：18.

② 魏宏森．钱学森构建系统论的基本设想［J］．系统科学学报，2013，21（1）：1-8.

和政府能动者获得了行动的能力，并塑造或抑制了他们的行为”[①]。这中间又有两个中介变量：其一，时序。关键事件构成的因果链以及事件发生时所处的相对位置是理解时序的关键面，一方面关键事件不是独立存在的，它受到纵向的历史因素和横向的结构因素双重制约；另一方面节点之所以关键，是因为特定的政策会逐渐形成与之匹配的利益集团与权力关系，进而捍卫政策的地位。其二，结构。一是权力结构指特定时期内体制所处政治环境，具体体现为国家—社会—市场的三维权力框架，在特定的时空场域中不同权力的力量对比以及权力间的联合与分化决定着特定事件的发生态势，也从宏观上影响体制的设置。二是制度环境。国家系统中的各项制度安排并非单独存在，各制度之间具有高度的联动性。历史制度主义通过寻找时间叙事与结构叙事的结合点探索制度间的联动。如果说制度的变迁直观表现为不同时刻上制度规则的差异，那么，特定时刻上制度的具体形式取决于制度结构与权力结构约束下关键行为人的策略选择，其中制度环境为选择提供了可行空间，权力结构则为选择提供了价值偏好。制度再生产表明，如果某一时刻政策制定者对制度安排提出了具体要求，那么他们之后会倾向于通过构建更加复杂的配套制度以保证制度实施，这种再生产机制会对下一时刻的制度环境造成重大影响。也正是基于此，研究者必须关注权力在时间中是怎样互动与演化的。当然，关键时刻上的特定观念也可以为制度

① IKENBERRY G I, KUPCHAN C. Socialization and Hegemonic Power [J]. International Organization, 1990, 44 (3): 289.

变迁提供推力，如我国改革开放后一系列新观念的引入为新制度的生成提供了许可性条件。

（二）对政府运行保障体系组织结构变迁的研究

1. 政府运行保障体系组织结构

从“体制”入手研究政府运行保障的组织结构，注重组织内部结构研究。把政府运行保障体制划分为组织定位、机构设置和职能配置三方面。从系统科学的角度来看，“组织定位”用以表征该机关事务主管部门在政府整体结构中的角色与边界，主要包括该部门的行政级别、与同级政府部门之间的关系、与上下级业务部门的关系等。机构设置主要包括内部分工、直属单位和人事安排等，能够较好地体现机关事务主管的基本履职能力。而职能配置则是该部门承担的行政管理职能，又可以细分为核心职能、边缘职能等。①

2. 政府运行保障体系组织结构变迁

在政府运行保障体系组织结构改革的研究中，在改革的方向是从各部门“分散”管理各自机关事务向各级政府由一个部门“集中统一”管理转型这一观点上已形成共识。目前的研究集中于三方面：一是理论提炼，侧重于对改革本质的总结；二是历史研究，侧重于历史上某一时间段政府运行保障体系变革的过程性分析；三是案例研究，侧重于对某一地区政府运行保障体系改革的路径分析。具体如下。

① 王浦劬，梁宇，李天龙．十八大以来我国省级机关事务管理体制改革的发展及其思考［J］．中国行政管理，2018（3）：8-14.

（1）组织结构变迁的理论解读。从整体性政府理论出发，认为政府运行保障体系的改革是“打破碎片化治理格局，重组职能相近的机关事务机构；在党政机关与机关事务部门之间建立业务协同关系；在机关事务部门与市场、社会等多元主体间建立合作关系”①。从分配理论出发，认为这一系统的改革是“设置单一的分配主体，按照统一的分配标准，进行资源的集中统一分配”②。从“权力—职能”关系角度，认为政府运行保障体制从“分散”向“集中”的转型是指管理权力客体（职能对象）的增加，即各级政府机关事务管理部门管理权的覆盖部门增多；权力边界（职能范围）的扩大，机关事务管理部门管理的类型和事项增多；机关事务管理部门针对具体管理事项的管理权限的加强。③

（2）组织结构变迁历史研究。其一，宏观研究，将政府运行保障与国家形态相结合。白振刚的“社会形态说”，按照生产方式和社会制度将体制分为奴隶制王朝和封建制王朝时期的宫廷事务，国民政府和解放区政府时期的机关事务。④ 陈休庆的“朝代更替说”，将其分为王朝时期的宫廷事务阶段、民国时期的政务与事务合一阶段和新中国成立后政务与事务分离阶段。⑤ “国家形态说”，按照不同

① 彭宗超，曾学华，曹峰．我国机关事务集中统一管理改革的理论与实践分析［J］．理论与改革，2020（1）：110-119.

② 湛中乐．机关运行保障的立法逻辑［J］．中国法学，2020（1）：49-66.

③ 朱萌．权力与职能关系视阈下机关事务管理体制改革实践：以S省为例［J］．行政与法，2022（3）：30-39.

④ 白振刚．我国机关事务的历史沿革［J］．中国高校后勤研究，1997（5）：84.

⑤ 陈庆修．从历史沿革看机关事务的含义及其发展趋势［J］．中国行政管理，2017（10）：146-147.

的国家形态，即氏族社会、酋邦时期、国家阶段将该体制分类，认为政府运行保障的理念和建制取决于当时的生产力发展水平、生产关系类型、上层建筑特点，受国家政治体制、行政运作模式直接影响，国家政治形态决定了政府运行保障的组织形态。其二，对我国改革开放以后政府运行保障体系转型的微观透视。有以下三种观点：一是从政策过程视角将体系变迁划分为改革的政策制定、政策实施和政策调整三个阶段，并逐一描述。郭济将1978—1997年机关后勤的发展历程分为三个阶段：1978—1983年是“解放思想、探索改革”阶段，也可以看作“局部改革”阶段，机关后勤管理改革主要发生在部分中央部委的后勤部门；1983—1992年是“明确方向、启动改革”阶段，国家以政策文件的方式落实全国范围机关后勤社会化的改革方向；1992—1997年是“建立体制、推进改革；打破封闭、扩大交流；创办刊物、研究理论”的阶段，涉及的内容包括机构设置、职能转变、对外交流和创办刊物等。[①] 彭宗超、曾学华、曹峰将改革开放后的机关事务管理体制分为三个阶段：1978—1992年的探索阶段，包括制定法规、对外交流考察；1993—2004年的全面实施阶段，涉及机构与职能的转型；2005年至今的法治化建设阶段，机关事务立法小组成立，机关事务开始走向法治化道路。[②] 因具体论据存在差异，两篇文章阶段性划分的时间节点略有出入。丁煌、

---

① 郭济．中央国家机关后勤改革的历史回顾：纪念国管局成立60周年［J］．中国机关后勤，2010（11）：11-13，33.

② 彭宗超，曾学华，曹峰．整体性治理视角下党政机关事务的整合与协同［J］．北京行政学院学报，2019（1）：44-51.

李雪松认为，1981—2012 年是政府运行保障从“后勤服务型”向“运行保障型”转变的肇始，2012 年至今，是这一转型的深化。[①] 朱萌、王浦劬将这一体制变迁梳理为“去行政化”和“再行政化”两个阶段：“去行政化”指改变行政机制在政府运行保障，尤其是在后勤服务供给和保障中的各个方面都发挥决定性作用的旧格局；“再行政化”指将分散的管理权限集中起来，将涉及政府运行保障的职能纳入各级政府的机关事务管理部门，对其进行全链条、全环节的自上而下的管理。1983—1997 年，是政府运行保障“去行政化”阶段，体制上表现为生产服务职能的剥离和机构的精简与调整；1998 年至今，这一体制进入“再行政化”时期，表现为管理职能的强化。[②] 二是不划分历史阶段，只简单罗列改革开放后政府运行保障体系中变革发生的领域及其特征。《中国特色机关事务管理改革发展 40 年》一文认为，改革开放后，机关事务管理的改革主要涉及后勤服务社会化、党政机关自身廉政建设、经费管理、集中统一管理方式这四方面的变化。[③] 祁峰梳理了从 1950 年政务院机关事务管理局成立至 1976 年间，每个历史时期机关事务集中统一的侧重点，并提出未来集中统一的数字化转向。[④] 三是分析改革背后的制度逻辑和改革的动力机制。丁煌、李雪松基于历史制度主义的分析范式，分析

---

① 丁煌，李雪松．新中国 70 年机关事务治理的制度变迁：一项历史制度主义的考察［J］．理论与改革，2020（1）：88-99.

② 朱萌，王浦劬．从“去行政化”到“再行政化”：机关事务管理体制变迁研究（1983 至今）［J］．云南大学学报（社会科学版），2021，20（4）：121-129.

③ 中国特色机关事务管理改革发展 40 年［J］．秘书工作，2018（8）：45-47.

④ 祁峰．机关事务集中统一管理的早期实践［J］．中国机关后勤，2020（10）：54-57.

了政府运行保障体制变迁过程中的制度背景、政治变量、路径依赖和关键节点，认为国家治理范式下的政治、经济、文化、社会因素则是制度变迁的动力所在。[①]

（3）案例研究。案例研究多围绕各省市政府运行保障体制从分散向集中转型路径这一主题。一是对体制转型本身的分析。分析党的十八大以来政府运行保障体制在机构设置、职能配置和组织定位三方面的变化，对我国各省级政府运行保障工作现状进行统计性描述，把32个省级机关事务主管部门加以分类，并概括为“浙辽模式”“鲁皖模式”“鄂冀模式”和其他模式四种类型，在此基础上总结省级政府运行保障体制现代化的经验与路径。[②] 从权力与职能关系视角出发，以单一案例为研究对象，分析改革前后政府运行保障相关管理部门权力边界和部门职能的变化。[③] 二是从机制与体制关系出发，研究数字化对建立集中统一管理体制的促进。一方面，认为数据资源的整合可以促进机关事务管理部门资源获取职能的集中性。由于信息技术的应用可能影响到组织的重要资源——信息资源的重新分配，其背后就隐藏着行为主体权力格局的变动。数据资源的挖掘和占有，建立数据库的过程也就是机关事务主管部门获取机关所需物质资源的过程。另一方面，认为数据流动平台的建立为机关事

① 丁煌，李雪松．新中国70年机关事务治理的制度变迁：一项历史制度主义的考察［J］．理论与改革，2020（1）：88-99.

② 王浦劬，梁宇，李天龙．十八大以来我国省级机关事务管理体制改革的发展及其思考［J］．中国行政管理，2018（3）：8-14.

③ 朱萌．权力与职能关系视阈下机关事务管理体制改革实践：以S省为例［J］．行政与法，2022（3）：30-39.

务管理部门在资源分配及其监管职能上的集中提供了条件。对接机关事务业务系统的机关事务管理平台的建立便于机关事务主管部门集中向各部门分配物质资源，以及对物质资源使用情况进行监管。各部门及其公职人员对系统的应用和产生的依赖心理会加强机关事务主管部门的权威。① 三是从空间角度论述集中办公区的建立对机关事务部门集中统一管理的助力。许多省市借推进集中统一办公的机会将本级党委人大、政府、政协统管起来，由机关事务管理部门负责集中办公区内所有机关部门办公资产的登记、调配、管理、维修、后勤服务供给以及相应的经费管理。这种方式首先优化了办公区功能布局，推进办公用房共建共享；其次可以集中统一调配，将集中办公区空置的房屋作为储备用房进行集中管理，有效盘活集中办公区存量房屋资产，促进办公用房的高效使用；再次便于统筹修缮维护；最后可以在办公区内统一提供诸如餐厅、文印等后勤服务，形成规模效益，降低行政成本。建设集中办公区实现政府各部门空间集中，便于机关事务管理部门设置统一组织服务于同级或同一地域空间内的政府部门，统一提供服务，降低采购成本，共享资源。②

综上，组织理论为本文的研究提供了理论基础。目前政府运行

---

① 王佃利，王文婷．集中统一视角下的政府运行保障平台：政府公物仓建设的实践探索与逻辑［J］．中国行政管理，2022（6）：33-40；朱萌．技术与制度的变奏：数字化驱动下的机关事务集中统一管理改革：基于N市“智慧机关事务建设”的实践分析［J］．中国行政管理，2022（8）：37-42.

② 冯颖艳．党政机关非集中办公区集中统一管理初探［J］．中国机关后勤，2020（10）：64-65；衡霞．地方机关事务管理职能法定化困境及成因研究［J］．中国行政管理，2019（3）：18-22；周立新．浅议分散管理与集中管理［J］．中国机关后勤，2003（6）：30.

保障研究从改革的本质、路径、历史过程等方面对改革开放以来的体制转型进行了较为全面的探讨。然而，目前的研究都是从组织内部结构的视角进行研究，即对政府运行保障体制的分析，研究涉及职能和机构两个层面，认为从分散到集中统一的转型过程即职能集中、机构统一的过程。

本书认为，第一，政府运行保障体系变革不仅涉及组织内部结构即体制，也包括组织边界的调整，即体制转型后将一些后勤机构推向市场，从组织内部关系变为组织间市场关系。政府运行保障管理因主要统筹政府所需物质资源的供给和管理，相较于社会提供的公共服务具有特殊性，这种特殊性体现在组织、制度、文化和治理方式等各方面，因而自成体系，可以用“政府运行保障体系（或系统）”加以概括，这一体系的组织结构包括组织内部结构和组织边界结构两方面。目前对边界化结构研究尚少，尤其是对边界化结构的变革和实践类型差异性的研究较少。因此，本书通过对组织内部结构和组织边界结构两方面的变革内容的具体分析，力求构建一个复杂性视角下我国政府运行保障体系组织结构变革的理论，并结合具体案例进行探讨。第二，政府运行保障体系并不是孤立的，其发展和演变受社会系统和政治系统中其他子系统的影响，即以经济体制改革为前提，以政府治理体系现代化为方向，应动态地进行审视。在分析这一体系组织结构变化的原因时，可以用制度变迁理论中制度环境与组织结构之间的关联模型这一分析工具，制度体现的是一种已经获得某种地位或特征的社会秩序或模式；制度环境指一种确立行动者身份认同的程序或规则框架，是组织的行动脚本，也是组织之外所有影响组织生存和实现其目标的能力的重要因素。不同阶段，环境要素对政府运行保障体系组织结构的不同要素及其组合发挥作用，引起了组织结构的变革。

四、研究框架

本书的创新点在于：其一，如上文所释，从组织内部结构与组织边界结构两个层面拆解和分析政府运行保障体系的组织结构；其二，从“制度环境—组织目标”这一角度梳理和分析政府运行保障体系组织结构变革的原因、现状和未来方向。首先分析政治系统与外部环境的互动，政治系统与环境的互动构成了政治系统变迁的主要动力。其次分析政治系统内部各要素及其组织方式、具体职能，政治系统内部具有层级性，由若干子系统组成，政府运行保障体系是其中一个子系统。最后分析不同的环境要素作为动力机制对政府运行保障体系组织目标提出的要求以及其组织结构是如何变革的。

本书分为七部分：第一部分为导论，介绍研究缘起、关键概念、研究综述等。第二部分为政府运行保障体系组织结构的历史演进，分阶段介绍新中国成立以来，我国政府运行保障体系组织内部结构和边界结构变革的制度环境、特征与组织功能。第三部分重点论述新时代政府运行保障体系组织结构变革的制度环境。党的十八大以来，政府运行保障体系所面对的制度环境不同，对这一体系组织结构的要求不同，形成了不同的组织结构模式；在此基础上，分析目前体系面临的制度环境及其改革的机遇与挑战。第四部分用职能式结构和界面结构的概念分析政府运行保障组织内部结构变革方向，并用案例说明变革后组织内部结构的特点。第五部分从组织与市场关系角度论述政府运行保障体系组织边界结构变革，指出变革方向是组织关系到合同关系（外包）再到市场关系（平台），并用案例说明目前平台化模式下组织边界结构的特点。第六部分分析目前政府运行保障体系组织结构的纵向发展，即这一体系中组织内部结构和组织边界结构在中央与地方关系上的体现。第七部分为结论。

第一章

政府运行保障体系组织结构的历史演进（1949—2012）

制度的发展具有延续性，当下的政府运行保障体系组织结构可追溯至新中国成立时期。本章从组织内部结构和组织边界结构两方面梳理自新中国成立至2012年这一体系的发展历程。新中国成立后，我国建立了专门的机关事务管理机构和完整的职能体系。改革开放后，机关后勤社会化即政府运行保障体系组织边界结构调整是改革的主要内容。从1998年预算体制建立以及行政体制改革起，政府运行保障体系呈现出组织内部结构集中化改革与组织边界结构平台化改革双向并进的趋势（如表1-1所示）。

表1-1　政府运行保障体系组织结构的历史演进（1949—2012年）

	制度环境（经济、政治）	组织内部结构	组织边界结构	组织功能
1949—1978年	计划经济	粗放式集中	服务内置与科层制的组织关系	低水平保障
1978—1998年	计划经济向社会主义市场经济转型与机构精简	粗放式集中	服务外置与市场化的合同关系；分散化管理	从保障到低水平运营

续表

	制度环境（经济、政治）	组织内部结构	组织边界结构	组织功能
1998—2012年	社会主义市场经济与政府职能转变	集中体制（职能式结构）	服务外置与市场化的合同关系；集中化管理	管理、运营
2012至今	社会主义市场经济、强化党纪与行政权力减量改革	集中体制（职能式结构向界面结构转型）	服务外置与市场化的合同关系；统一平台、分散管理	管理、运营、保障

第一节　1949—1978年：计划经济体制下政府运行保障体系的组织结构

计划经济背景下，政府管理特点是社会各类组织都转变为单位制，社会个人和家庭通过社会福利计划予以保障，生产和分配按照计划管理。在这个意义上，无论是人民代表大会及其产生的政府、法院和检察院等国家机关组织，还是党组织、工会、共青团和妇联组织，也包括政协及民主党派组织，都是社会主义计划经济体制下的单位，它们和企业单位、事业单位一样，都是计划经济中的单元。实际上并不存在特别的政府运行保障，而是全社会的各类组织的运行都是需要保障的。① 因而，1949—1978年间的政府运行保障管理模式可看作一种粗放式的集中管理体制，政府运行所需的经费、

① 高鹏程．当前中国机关事务管理研究中的前沿问题：资产管理、层空关系和集中统一方式［J］．理论与改革，2020（1）：100-109.

资产和后勤服务的来源基本依赖于国家计划拨款和所办经济实体的产出，且绝大多数机关都有自己的后勤服务部门，自办后勤模式强调服务保障多于经济核算，对后勤的投入产出和成本没有考核要求。

一、组织内部结构：粗放式集中与分散相结合的职能式结构

政府运行保障体系组织内部体现为粗放式集中与分散相结合的职能式结构。

（一）政府运行保障体系横向间组织关系

一级政府设立一个专门的机关事务管理机构，统一管理同级政府各部门的经费、资产以及提供服务。以中央层面为例，新中国成立初期，机关事务工作（主要包括典礼宴请的部分服务工作、政府委员与政务委员的公馆事务等）由中央人民政府办公厅下属行政处（也称总务处）、政务院秘书厅设立的总务处、中央人民政府典礼局，以及外交部等机构共同承办。因为实行分散管理，工作中的扯皮现象时有发生。随着中央机构设置的系统化，1950 年 12 月 8 日，中央人民政府政务院召开第 62 次政务会议，正式通过成立中央人民政府政务院机关事务管理局（以下简称政务院管理局）。政务院管理局的成立，标志着机关事务工作正式以专门机构的方式运行。机构设立后，职能也得以确立。首先，将秘书工作与机关事务工作分离。一直以来，政府的秘书工作和机关事务工作没有分开，“总务、招待、交际、生产等项没有制度或制度建立得不够，各部门制度紊乱，互

相交代不清，责任不分明”①。为建立责任制度，1951 年 4 月，政务院召开第一次全国秘书长会议，通过了《关于各级政府机关秘书长和不设秘书长的办公厅主任的工作任务和秘书工作机构的决定》，首次对政务院秘书厅的工作任务和工作性质进行了明确阐述，即要协助领导搞好政务和事务，从而正式将秘书业务、研究工作和机关事务工作划分开来。②“政务与事务分开”由此成为一项基本原则，为各级政府设立机关事务管理机构的职责划分提供了政策依据。其次，扩充机关事务管理职能。1953 年 9 月，为适应国家经济建设形势，政务院调整了财政经济委员会的职能，并将其第二办公室的部分内设机构与政务院管理局合并，组建中央人民政府机关事务管理局。同时，批准《关于扩大管理局业务范围的初步意见》，进行职能扩容，增加了中央一级各部门办公用房管理，会议服务，原属财政部掌管的中央一级（包括大区）政府、党派、团体的行政经费管理等职能，以及协助处理专家招待事务管理局（国家外国专家局前身）的相关工作。1954 年 11 月 8 日，第一届全国人大常委会第二次会议批准设立国务院机关事务管理局（以下简称国管局），将其列为国务院的直属机构，主管中央一级国家机关事务工作。具体职责为负责中共中央、全国人大常委会、国务院、全国政协领导人的生活服务和安全警卫工作；负责中央一级行政经费管理和有关单位的财务管

① 齐燕铭．在政务院机关事务管理局成立大会上的讲话［M］// 马永顺，朱雨滋，齐翔安．齐燕铭纪念文集．北京：中国文史出版社，2006：85-86.

② 国务院法制局．中华人民共和国现行法规汇编（1949—1985）：政法卷、军事卷及其他卷［M］．北京：人民出版社，1987：401-402.

理工作；负责中共中央和国务院交办的大型会议的总务工作，以及上级、同级领导和其他人员的生活接待工作；负责机关行政单位的办公和附属用房及宿舍的管理、基建、调配、修缮工作；负责机关所需汽车的管理、分配、调拨等工作。[①] 内设机构包括局办公室、中央行政经费管理处、房屋管理处、交际处、服务处、财务处、总务处、人事处八个业务处室。[②] 此后，在这一内部组织架构基础上，国管局进一步探索机关事务的制度建设。

地方各级政府依据国务院机关事务管理局的职能和内设机构，也设立了各级机关事务管理局。此外，每一级政府的每个部门也都设有自己的后勤服务部门，作为政府各部门的内设机构，承担资产内部配置、后勤服务等职能，受各级政府机关事务管理部门的指导，但更多的是服务于本部门的业务工作和公职人员。

（二）政府运行保障体系纵向间组织关系

新中国成立以来，机关事务管理工作一直实行的是"块块"体制，即机关事务管理局只负责本级政府的机关事务管理、保障、服务工作，这个系统没有行政上的上下级关系。国管局没有被国家赋予管理或指导地方机关事务管理工作的职能。各省区市机关事务管理局与国管局和下级机关事务管理局联系甚少，相互间极少往来。

---

① 北京大学政府运行保障研究院编．机关事务蓝皮书：政府运行保障改革发展报告（2021）［M］．北京：人民出版社，2022：28.

② 中共中央组织部，中共中央党史研究室，中央档案馆．中国共产党组织史资料附卷一：上［M］．北京：中共党史出版社，2000：166.

二、组织边界结构：服务内置与组织间关系

在计划经济时期，资源配置方式具有计划性特征。机关所需的经费和物资来源基本依赖于国家计划拨款和所办经济实体的产出，且绝大多数机关都经办自己的生产服务性机构。

1950—1952 年各部门的生产服务性机构是国家统一管理。1950 年 12 月，国管局成立生产管理处，负责研究和指导政务院所属生产单位的业务方针和经营计划。不久，生产管理处被撤销，由中南企业总公司统一财务管理，贯彻企业化经营，统一领导和管理所属各企业单位完成生产任务。1952—1955 年是属地化管理与国家统一管理相结合时期。随着“三反”运动的开展，政府机关从事生产经营的问题逐渐暴露出来，一是政府工作人员中出现了严重的贪污浪费现象；二是各部门发展生产的分散性与国家经济的计划性和市政建设的统一性相背离。1952 年 2 月，政务院通过《政务院关于统一处理机关生产的决定》，要求妥善结束机关生产，① 将一些生产经营性机构改为属地化管理，即“外置”于政府各部门。国管局除保留北京、永安（含惠中）、远东（含西单）饭店外，撤销中南企业总公司，将该公司所属的中华建筑公司、首都汽车公司、首都汽车公司修理厂、中南印刷厂、中南铁工厂、中南制砖厂、中南牛奶厂等分别移交给中央建筑工程部和北京市有关部门。1955 年前后，在各部

① 政务院关于统一处理机关生产的决定［M］// 中共中央文献研究室．建国以来重要文献选编：第 3 册．北京：中央文献出版社，1992：93.

门生产服务性机构性质（也就是这些机构与机关事务管理部门的关系）问题上，出现了一次较大的分歧和争论，争论的焦点在于是将这一机构和职能外置，还是继续置于政府内部。1955 年年初，多数人认为“中直机关是可以精简的，特别是行政系统的服务人员太多”①。到了 5 月份，“政府各机关决心较大，准备精简 50%，并已由编委会提出了处理办法”②。但也有人认为“中央机关的缩编，按实事求是的原则处理，不一定能达到 50%”③。1955 年 5 月 26 日，时任国管局局长刘墉如根据时任国务院副总理贺龙批准的《关于紧缩国家机关人员编制问题的报告》精神，向时任国务院秘书长习仲勋同志报送了《关于精简机构编制的报告》。④ 通过上述机构精简和机关事务工作改革的实践，刘墉如又主持起草了《关于国家机关事务工作改革方向的报告》，报告指出：“机关事务工作必须逐步加以改革，改革的方向是把机关事务部门缩小，只管与机关办公直接有关的事务。属于工作人员食、住、行、医等生活福利方面的问题应逐步由所在城市的社会服务部门去统一筹划、办理。”这个报告是在新老局长交接工作中定稿的。新任局长高登榜于 1956 年 2 月 23 日到职，刘墉如于 2 月 28 日离职（调任财政部副部长）。高登榜任局长之后继续尝试对国管局的管理职能和服务职能进行改革，他向习仲勋报送《关于国家机关事务工作改革方向的报告》，提出缩小机关

① 杨尚昆．杨尚昆日记：上［M］．北京：中央文献出版社，2001：163.

② 杨尚昆．杨尚昆日记：上［M］．北京：中央文献出版社，2001：200.

③ 杨尚昆．杨尚昆日记：上［M］．北京：中央文献出版社，2001：202.

④ 北京大学政府运行保障研究院编．机关事务蓝皮书：政府运行保障改革发展报告（2021）［M］．北京：人民出版社，2022：30.

事务部门，只管与机关办公直接有关的事务，属于工作人员食、住、行等生活福利方面的问题，逐步由所在城市的社会服务部门去统一筹划、办理。改变供给制度，实行企业经营方法，贯彻中央全面节约的指示精神，降低非生产建筑标准，在办公用房、附属用房、眷属宿舍等方面都厉行节约，降低成本。此次报告虽经国务院有关领导批示原则同意，但由于客观条件还不成熟，未能实施。此后，除招待所外，其他生产经营性机构或交给北京市管理，或由政府各部门分散管理。中央国家机关招待的统一管理一直持续到 1970 年年初。

综上，从新中国成立到改革开放前政府运行保障领域在机构和职能改革的历程可以看出，这一时期政府运行保障工作最主要的任务是建立起科学完善的组织机构和管理制度。在这一探索过程中所坚持的原则是为政治服务，并适用于高度集中的计划经济体制。首先确立了由统一的机构集中管理机关事务的内部组织体系。其次，伴随着对机关事务管理部门即组织内部结构职能的讨论和变动，生产服务性组织与政府的关系即组织边界结构也一直在调整。

第二节 1978—1998 年：政府运行保障体系从分散向集中转型时期的组织结构

党的十一届三中全会明确提出了“解放思想，实事求是”的思想路线，这标志着中国开始了从封闭与计划经济向开放与市场经济转型的历史进程。随着实践的不断探索，服务作为一种商品的观点逐渐为人们所接受。在这样一种理念基础上，围绕经济发展为中心的前提，如何引入市场机制和相应的经济手段，如何将机关事务工作从以往的观念、模式中解放出来，去打破以封闭式的行政手段为主的自我管理、福利性的消费、平均主义的机关工作等原则，成为对机关事务工作提出的新要求。变革始于后勤服务的社会化改革，即政府运行保障体系组织边界结构的调整。在推动经济体制改革的同时，国家开启了行政管理体制改革，政府运行保障体系的组织内部结构亦在行政体制改革的大框架下进行调整。

一、组织边界结构调整：服务外置与市场化合同关系

（一）确立后勤服务社会化总方向

政府运行保障体系组织结构的改革从边界结构的调整，即将服务性机构“外置”开始。自 1983 年 6 月，中央书记处第 70 次会议对机关后勤改革提出了基本思路，“服务社会化的问题，要逐步解决”，并且提出了分三步走的改革意见，即“第一步，在有条件的单位使后勤服务工作同机关工作分开；第二步，逐步打破部门界限，按地区联合；第三步，逐步过渡到社会化。将来的出路，可以设想由机关、企业向所在地区交纳地方建设税，由地方统一经营服务事业，使之企业化、社会化”[①]。1989 年 3 月，《关于中央国家机关后

---

① 北京大学政府运行保障研究院编．机关事务蓝皮书：政府运行保障改革发展报告（2021）［M］．北京：人民出版社，2022：40.

勤体制改革的意见》（以下简称《意见》）（国机中编〔1989〕7号）进一步提出了在管理科学化、服务社会化、保障法制化三个维度加快机关后勤工作改革的步伐，[①] 并且提出了相应的解决方案。《意见》指出，机关后勤体制改革是机构改革的一项重要内容，改革的最终目标是实现后勤服务工作社会化。当前机关后勤体制改革的任务一是机关后勤工作可以分解为行政管理职能和服务职能两部分，把后勤服务人员的编制同机关的行政编制分开，承担行政管理职能的人员仍为行政编制，承担服务职能的人员列为行政附属编制。[②] 二是机关后勤机构设置可采取不同形式，可以把管理职能和服务职能的工作统一管理或者分别设立机构。三是后勤服务单位要实行不同形式的承包经营责任制，增强经济活力，在内部管理上，采用更多的企业管理办法。四是机关后勤体制改革要在政策上予以扶持，在做好本机关工作的前提下可以开展机关之间的有偿服务，也可以向社会开放，实行内外两面服务。五是各部门要加强对后勤体制改革的领导，研究解决改革中普遍性的政策和规章制度问题（见表1-2）。[③]

① 高举旗帜科学发展 努力开创机关事务工作新局面：国管局召开纪念改革开放30周年暨深入学习实践科学发展观报告会［J］. 中国机关后勤，2008（12）：8.

② 深化机关后勤服务社会化改革 提高管理服务保障能力：中央国家机关后勤服务社会化改革30年回顾与展望［J］. 中国机关后勤，2008（12）：9-11.

③ 深化机关后勤服务化改革 提高管理服务保障能力：中央国家机关后勤服务社会化改革30年回顾与展望［J］. 中国机关后勤，2008（12）：9-11.

表 1-2　1983—1998 年机关事务管理体制职能转变的重点任务与举措

年份	重点任务	具体措施
1983	后勤改革方向三步走战略“后勤服务同机关工作分开；打破部门界限，按地区联合；逐步过渡到社会化”（中央书记处第 70 次会议）	中央国家机关幼儿园补贴费改由家长双方单位负担 国宾招待处开始施行经营责任制的改革 国管局第一招待所实行事业单位按照企业经营
1989	后勤服务人员编制与行政编制分离；从管理职能和服务职能来重新规划机关后勤服务；确定机关后勤能够对社会提供服务，实行承包经营责任制（《关于中央国家机关后勤体制改革的意见》）	国管局相继颁发了相关配套文件：《行政后勤服务费预算管理暂行办法》《附属自收自支单位财务管理办法》《中央国家机关食堂管理办法（试行）》等
1993	机关后勤社会化改革开始向企业化迈进（《关于党政机关改革方案的实施意见》《国务院各部门后勤机构改革实施意见》）	《关于加强机关服务中心建设若干问题的意见》（1996）

具体措施上，以中央政府为例。1983 年 8 月 23 日，中央国家机关幼儿园补贴费改由家长双方单位负担。1983 年 9 月，国宾招待处开始施行经营责任制的改革措施，对现行的管理体制进行改革，扩大各宾馆的经营管理自主权，对各宾馆实行以馆、科为单位的经济独立核算，以此为契机，推行宾馆的标准化管理。此后宾馆的改革不断前进，截至 1983 年，首都宾馆申请编制 775 人，面向社会招生进行职业培训，结业时择优录取，实行合同制。1984 年 4 月将国管局第一招待所确定为学习建国饭店的试点单位，尝试开展多种经营，也将国管局第一招待所从国管局接待处统收统支的管理办法中析出，开始实行事业单位按照企业经营独立核算、自负盈亏的管理办法，

以提高服务质量和管理水平，获取经济效益。同年3月，国管局开始了对内有偿服务和对外经营服务的改革探索，其中将接待处、国宾招待处合并成立接待服务公司，作为企业独立经营。同年6月，开始将中央国家机关招待所的客房和会议室进行分等论价，根据自己的实际水平制定了相应的收费标准。1986年11月制定了中央国家机关汽车队财务管理办法，对内进行服务的时候不得超过北京市统一租价的70%，对外服务按照北京市统一规定租价计费。1987年北戴河浴场对群众开放。至1986年国管局陆续明确下属单位的性质。4月专程召开会议明确行政司、服务司几个下属单位的性质，其中包括行政司交通处明确为行政单位，行政司汽车修理厂明确为暂列行政编制，服务司西山管理处明确为行政单位，服务司北戴河管理处明确为行政单位，服务司北戴河管理处所属中海滩宾馆列为行政编制。其中行政编制一般要求实行事业单位企业化管理的办法，独立核算，自负盈亏。7月国务院批准了《关于首都宾馆性质任务等问题的请示报告》，明确了首都宾馆的国有企业性质。此后，国管局的机构设置逐步形成了行政管理职能部门、经营服务型事业单位和国有企业的三大块组合结构。①

1992年国管局在后勤服务改革研讨班上对机关后勤服务社会化进行了界定，认为后勤服务社会化是一个通过改革现行机关后勤管理体制，实现后勤行政管理职能与服务职能分离，转换服务运行机制，使机关后勤服务单位逐步实现自主经营、自负盈亏、自我发展

① 郭济．改革开放为机关事务工作带来了生机和活力：回顾田纪云同志对国管局工作的亲切关怀和支持［J］．中国机关后勤，2008（6）：12-16.

和自我约束的服务经营实体的发展过程，也是与社会服务业相互融合的过程。[1]

（二）组织边界结构转型与结算制度建立

起初机关后勤服务社会化是依据社会主义市场经济体制，遵循市场经济规律将机关后勤管理由行政机制转化为市场机制的过程。[2]尤其是为了推动服务行业发展。随社会生产力的发展，具体的步骤为由供给型、福利型、封闭式的自我服务，逐步向建立在专业分工协作基础上的商品化、市场化、企业化服务转化的过程，最终实现社会化服务。[3] 确立了后勤服务社会化的总方向，逐步将服务职能外置后，就需要处理服务性组织与政府间关系。

1993 年，《国务院各部门后勤机构改革实施意见》（中编办〔1993〕33 号）和 1998 年《关于深化国务院各部门机关后勤体制改革的意见》（国办发〔1998〕147 号）两份文件的出台进一步为机关服务中心的角色定位、机构设置、编制管理、经费预算和结算提供了具体操作方法。1993 年 9 月，中央编办和国管局印发《国务院各部门后勤机构改革实施意见》（以下简称《意见》）（中编办〔1993〕33 号），较之 1983 年提出的“三步走”改革更为具体化，也更具可操作性。该《意见》对职能与机构做了更加详细的规定，成为今后机关事务管理工作的基本框架。

---

① 王元慎．机关后勤改革 30 年的历史回顾［J］．中国机关后勤，2009（1）：36-41.
② 樊保田．浅议机关后勤服务社会化［J］．中国机关后勤，2001（2）：27-28.
③ 刘会增．深化机关后勤服务社会化改革的实践与思考［J］．中国行政管理，2017（5）：6-9.

具体来说，一是进一步明确了政府运行保障行政职能与服务职能的划分与机构设置。行政管理职能包括机关财务管理，房产管理，基本建设管理，物资设备管理，环境秩序管理，后勤服务的规划、协调与监督管理，人防战备管理，各部门的老干部、绿化、计划生育、爱国卫生、交通安全和社会治安综合治理等社会事务管理，文印室，等等。除特殊情况外，后勤行政管理职能并入办公厅（室），使用机关行政编制。服务职能指为保障机关办公和职工生活提供各项劳务和技术服务的职能，主要有机关食堂、车队、医务室、技工班、电话班、传达室、服务班、浴室、理发室、锅炉房、洗衣房、小卖部、生活福利科（处）、副食品基地（绿化基地）、幼儿园、疗养院（休养所）、宾馆招待所、房屋修缮队（修建队）、印刷厂、修理厂、礼堂等方面的服务工作（见表1-3）。机关后勤服务职能从机关行政序列划出后，设立服务机构，承担各项服务职能。

表1-3 政府运行保障行政职能与服务职能的划分

时间	管理职能	服务职能（机关服务中心）	政策文件
1993年9月	机关财务管理，房产管理，基本建设管理，物资设备管理，环境秩序管理，后勤服务的规划、协调与监督管理，人防战备管理，各部门的老干部、绿化、计划生育、爱国卫生、交通安全和社会治安综合治理等社会事务管理，文印室等	机关食堂、车队、医务室、技工班、电话班、传达室、服务班、浴室、理发室、锅炉房、洗衣房、小卖部、生活福利科（处）、副食品基地（绿化基地）、幼儿园、疗养院（休养所）、宾馆招待所、房屋修缮队（修建队）、印刷厂、修理厂、礼堂等	中央编办和国管局印发《国务院各部门后勤机构改革实施意见》（中编办〔1993〕33号）

二是建立结算制度。将机关后勤服务职能从机关行政序列划出

后，设立事业法人的机关服务中心，并按机关内设机构确立相应级别，实行单独核算，与机关建立经济核算关系，可对外开展经营服务和兴办经济实体；原使用的机关行政附属和后勤事业编制统一改为事业编制，并从严控制在国务院机关精简后的行政编制的15%左右；国家财政按行政在编人员经费标准拨付机关后勤服务费，机关财务对机关服务中心按编制逐步实行定额补贴。1998年12月，国务院办公厅转发国管局和中央编办《关于深化国务院各部门机关后勤体制改革的意见》（国办发〔1998〕147号），为了配合后勤体制改革的深入，进一步规定政府各部门与机关服务中心签订合同并按合同支付后勤服务费，逐步建立和完善结算制度。从1999年起，国管局先后在农业农村部、文化和旅游部、科技部、铁道部（现交通运输部国家铁路局）等15个部门开展了试点，初步建立机关与后勤服务单位的服务商品交换关系。

各省市的改革遵循此路径，只是时间上稍有滞后（可能超出1998年这一时间节点）。以上海为例。20世纪末，上海市政府机关事务管理局后勤服务方面形成了以七个中心、五个公司为主体，集展览贸易、房产物业、宾馆餐饮、娱乐旅游、出租汽配、建筑装潢、通信广告为一体的经营格局。2002年起，上海在市级机关开展建立后勤服务费用结算制度，引进社会服务，推进机关服务中心转制的试点工作，并逐步推进。2003年年初成立了按照现代企业制度运行的盛勤和锦勤两个集团公司。盛勤、锦勤两个集团是上海市市级机关服务机构转制的试点单位。根据《关于推进本市市级机关后勤服务机构转制工作的实施意见》，于2003年8月实现体制转换，建立了两集团本部的内部组织机构框架，集团所属单位按服务经营的门类和集团经营战略的需要改制为专业性子公司。这两个公司在承担上海市各级机关政务活动后勤保障的前提下，运用市场机制，整合机关后勤资源，盘活机关后勤财产，努力实现资产的保值、增值；通过在社会服务领域和机关各类服务中开展竞争，降低行政成本，提高服务质量，加快实现机关后勤服务的社会化和市场化。2009 年 7 月 8 日，根据上海市委、市政府关于推进本市机关后勤服务社会化改革要求，这两个公司又合并组建了国有独资有限责任公司上勤集团，注册资本 10.6 亿元人民币，总资产 20 多亿，承担本市各级机关政务活动的后勤服务保障。

综上，1978—1998 年间，政府运行保障组织体系将服务职能"外化"，服务机构与政府部门由组织内部关系转变为市场合同关系。政府各部门均改变原服务机构性质，从垂直管理到市场化运营，并逐步向市场购买所需的政务服务转变。需要说明的是，此时的后勤单位转制成事业单位是一种初期的低程度社会化。1996 年《关于加强机关服务中心建设若干问题意见》中规定：机关服务中心及其下属单位开展企业化管理、自收自支，与机关建立有偿独立经济核算关系；后勤人员编制同机关行政编制分开；并对社会提供经营服务，实行不同形式承包经营责任制。这种"机关后勤单位转成机关服务中心，人员行政编制转成事业编制"的改革模式在后勤服务与行政机关的平稳分离中发挥了有效作用，但这是一种不彻底的改革，是政府机构在减员分流时的一种途径，而不是完全的社会化改革模式。

二、组织内部结构：维持现状

在服务和部分资产允许社会化的政策导向下，为了减轻财政负担，国家将办公用房一类固定资产以及其他通用资产所有权归属政府各部门，① 同时允许政府将部分闲置房屋和办公设备对外出租，开展创收。一时间政府部门资产产权多样，部门成为资产的所有者。从经费上看，自 1970 年起，国家开始实行行政经费“预算包干，结余留用”，财政部根据各部门编制人数配备行政管理费，机关运行经费（公用经费）也在其中。但这一时期各部门均有一些闲置资产出租所得收益，在国库集中收付制度未建立的情况下，这些经费也被收入部门账户，成为“预算外资金”的一部分，各部门有权自行支配。总之，这一时期政府运行保障体系组织内部结构依然呈现出粗放的集中与部门分散管理模式。行政性资产产权归口于各部门；机关运行经费由国家一揽子拨付给部门，且部门还不同程度地掌握由资产出租和服务中心盈利所得的预算外资金，政府运行保障的物质资源掌握在部门手中。部门分散经营管理与后勤服务社会化这一边界结构调整相结合的组织结构成为国有资产流失的潜在制度风险。

综上，自改革开放至 1998 年财政预算体制确立前的这一时期，政府运行保障体系的组织边界结构发生变化，政府各部门将服务职能外化，从组织间科层关系转变为不完全的市场关系。这些此前的

---

① 虽然在 1980 年确立了中央和国务院部门办公用房按归口由中共中央直属机关事务管理局、国家机关事务管理局管理的体制，但在 1986 年后，国家建立房屋产权制度，又将办公用房权属登记在各部门名下。

后勤服务部门从行政部门转变为政府机关的下属事业单位，在分离后并未完全参与市场竞争，不是完全独立的市场行为主体。从资产本身来看，其资产仍占有机关行政资产，自身不拥有所有权，从根本上与机关单位无法脱钩，易被原单位当成创收工具，导致官僚主义与腐败问题发生。从内部管理改革来看，后勤人员从行政编制向事业编制的身份转换，对其管理思维转换影响不大。组织内部分散结构并未发生改变，政府各部门在政府运行保障领域依然是各自资源配置的主体。因为资产产权属于各部门，各部门就有了对资产使用、经营和处置的权力。在没有政府采购和预算管理以及国家在政府运行保障领域的分配标准不健全的情况下，虽有公用经费（办公费、水电费、修理费、燃料费、杂项费）粗略的标准，但没有对各部门公用经费预算和决算的管理权限，因而每个部门在政府运行保障的支出上也是自行支配、自负盈亏的状态。组织边界结构的社会化转型和组织内部结构的分散化相叠加，极易造成行政性国有资产的流失和浪费。

第三节　1998—2012 年：政府运行保障集中型体制逐步确立时期的组织结构

1998—2012 年间，政府运行保障的制度环境发生了很大变化。一是政府整体性的机构精简。1998 年，为适应社会主义市场经济发展需要，切实转变政府职能，1998 年 3 月 10 日，九届全国人大一次会议审议通过了《关于国务院机构改革方案的决定》，迎来了新中国成立以来规模最大的一次政府机构改革，方案明确此次改革的目标是“建立办事高效、运转协调、行为规范的政府行政管理体系”，“按照精简、统一、效能的原则，调整政府组织结构，实行精兵简政；按照权责一致的原则，调整政府部门的职责权限，明确划分部门之间职责分工，完善行政运行机制”①。行政体制改革的方向也引发了作为其子系统之一的政府运行保障组织精简和职能归口的改革。二是部门预算改革和政府采购制度的设立。1998 年，政府预算开始以部门为基础进行编制，并取消各部门的预算外收入，规定部门所有收入均需来自财政拨款，由财政统一配置，机关运行保障经费作为部门预算的一部分也一并纳入预算管理，此后政府各部门需要从国家（财政部门）统一获取。目前在部门预算上并没有单独的“机关运行经费”条目，从概念入手，机关运行经费一部分列入部门支出预算中的日常公用经费，包括办公及印刷费、水电费、办公用房取暖费、办公用房物业管理费、公务用车运行维护费、差旅费、日常维修费、会议费，以及部分通用资产购买费用如专用材料费、一般购置费等（如表 1-4 所示），并根据一套定额管理体系编制，每人规定一个数额，加总后列入年度部门预算。也就是说，保障政务运行的服务购买主体虽然仍是政府各部门，但购买资金来自部门经费，受预算约束。中国政府采购制度从 1996 年开始试点，到 2002

① 中共中央文献研究室．十五大以来重要文献选编：上［M］．北京：人民出版社，2000：242.

年《中华人民共和国政府采购法》的颁布，逐步将通用资产[①]及其维修[②]项目列入采购范围，通用资产开始由政府各部门在统一的采购平台上购买；办公用房大中修等项目则采用财政直接支付的方式进行资金支付。这些都是政府运行保障内部组织结构中资产管理职能和经费管理职能的制度基础。

表 1-4　部门经费支出中机关运行经费及分类

<table>
<tr><td rowspan="4">部门支出预算</td><td rowspan="3">基本支出③</td><td colspan="2">人员经费</td><td></td></tr>
<tr><td colspan="2">福利费和其他费用</td><td></td></tr>
<tr><td>日常公用经费④</td><td>办公及印刷费、水电费、办公用房取暖费、办公用房物业管理费、公务用车运行维护费、差旅费、日常维修费、会议费、专用材料费、一般购置费</td><td rowspan="2">政府运行保障所需的经费（机关运行经费）</td></tr>
<tr><td colspan="2">项目经费</td><td>办公用房的建设、大中修</td></tr>
</table>

一、组织内部结构变革

（一）横向结构

1. 职能归口

1998 年政府机构改革后，根据国务院机构改革方案，行政性国

① 参见《中央国家机关通用资产配置管理暂行办法》（国管办〔2007〕293 号）。通用资产包括办公用房、公务用车、办公设备家具等。

② 参见《中央国家机关办公用房维修管理办法（试行）》（国管房地〔2006〕288 号）。

③ 基本支出指为了保障行政事业单位正常运转、完成日常工作任务所必需的开支而编制的年度支出计划。

④ 日常公用经费指维持机构正常运转但不能归集到个人的各项支出。

有资产的管理职能划归机关事务管理局。中央层面，1999年为适应部门预算制度改革，中央国家机关行政经费的预算管理职能归口至国务院机关事务管理局。2001年，《关于改进和加强中央国家机关办公用房管理的意见》的出台，办公用房管理职能划归机关事务管理局。① 通用资产管理方面，2002年10月，成立中央国家机关政府采购中心，国管局统一了通用资产的采购。2004年，《中央国家机关公务用车编制和配备标准的规定》规范了公务用车管理，并明确了机关事务管理局是履行这项职能的部门。地方也出台相应政策，进行职能归口。至此，以资产管理为核心的集中统一管理广泛推行并不断完善，相伴生的是政府运行保障管理中资产管理领域权力的重新配置，即将行政性资产的管理权限集中至机关事务管理部门。2010年，国务院机关事务管理局又增设了推进、指导、协调、监督全国公共机构节能工作的职能。相关职能的归口，完成了体制从“分散”向“集中”转变的第一步。至2012年《机关事务管理条例》出台，从法律上明确了集中管理的四类职能：（1）经费的统一规划和使用。现行《机关事务管理条例》（以下简称《条例》）规定：“县级以上人民政府财政部门应当根据预算支出定额标准，结合本级政府各部门的工作职责、性质和特点，按照总额控制、从严从紧的原则，采取定员定额方式编制机关运行经费预算。”（第十一

① 关于改进和加强中央国家机关办公用房管理的意见，关于改进和加强中央国家机关办公用房管理意见的实施细则［M］//中共中央纪律检查委员会，中华人民共和国国家监察委员会党风政风监督室．纠治“四风”法规制度选编．北京：中国方正出版社，2019：248-259.

条）也就是说，每一级政府或者每一个体系的机关事务管理工作，在每年都应该编制预算，接受预算监督。（2）资产统一所有、采购和使用。所有用于机关事务的资产都应当由归属各部门所有，转为由统一的机关事务管理部门集中所有和管理。这些资产包括机关用地、办公用房、公务用车以及采购的物品或服务等。资产管理的权限包括机关事务管理机构拥有资产的产权，以及规划建设、维修、调剂和监督的权力，资产的使用权归属各部门。现行《条例》对此也有相关规定，“县级以上人民政府应当对本级政府机关用地实行统一管理。城镇总体规划、详细规划应当统筹考虑政府机关用地布局和空间安排的需要。县级以上人民政府机关事务主管部门应当统筹安排机关用地，集约节约利用土地”（第二十条）；“县级以上人民政府应当建立健全机关办公用房管理制度，对本级政府机关办公用房实行统一调配、统一权属登记；具备条件的，可以对本级政府机关办公用房实行统一建设”（第二十一条）；“政府各部门超过核定面积的办公用房，因办公用房新建、调整和机构撤销腾退的办公用房，应当由本级政府及时收回，统一调剂使用”（第二十二条）；“政府各部门应当对公务用车实行集中管理、统一调度，并建立健全公务用车使用登记和统计报告制度”（第二十六条）。（3）服务的统一提供。对于机关同质化的服务需求，由相应的机关事务管理部门统一提供或者购买。本级或者本系统需要购买的物品或者服务，应当纳入集中采购目录，由该机关事务管理部门统一采购，不得由各单位部门自行采购。只有这样，才能实现集中统一管理所带来的规模化效应，降低收购成本。（4）能源的统一管理。2008 年 4 月，重新修订的《中华人民共和国节约能源法》，在第五节增加了“公共机构节能”的内容，指出，“国务院和县级以上地方各级人民政府管理机关事务工作的机构会同同级有关部门制定和组织实施本级公共机构节能规划”公共机构节能规划应当包括公共机构既有建筑节能改造计划。（第四十八条）；“国务院和县级以上地方各级人民政府管理机关事务工作的机构会同同级有关部门按照管理权限，制定本级公共机构的能源消耗定额，财政部门根据该定额制定能源支出标准。”（第四十九条）。这从法律上确立了机关事务管理部门对本级公共机构节能业务的指导地位。《公共机构节能条例》（2008）中进一步规定：“国务院和县级以上地方各级人民政府管理机关事务工作的机构应当会同同级有关部门，根据本级人民政府节能中长期专项规划，制定本级公共机构节能规划。”（第十条）；“国务院和县级以上地方各级人民政府管理机关事务工作的机构应当会同同级有关部门按照管理权限，根据不同行业、不同系统公共机构能源消耗综合水平和特点，制定能源消耗定额，财政部门根据能源消耗定额制定能源消耗支出标准。”（第十六条）（如表 1-5 所示）

表 1-5　1998—2012 年机关事务管理体制职能转变

时间	机关事务管理部门的新增职能
1998 年	资产管理
1999 年	经费管理
2010 年	公共机构节能管理
2012 年	制定有关机关事务管理规范；对下级机关事务管理部门进行业务指导

2. 机构统一

在“政治现代化”进程中，行政系统日益由“单一机构执行多种职能”的“融合型”向“单独的结构执行特殊职能”的“衍射型”转变。[①] 一级预算部门和同一层级党委、人大、政协和政府机关，只设一个机关事务管理机构，将各机构各部门后勤资源的所有权、行政性资产的调配权和处置权集中到机关事务管理部门统筹调动。在与横向部门间关系上，进一步进行分工与合作，在各党政机关与机关事务部门之间建立业务协同关系，满足党政机关的服务需求，保障党政机关高效运转。一方面，资源的集中分配能够有效调剂分散资源，通过资源在党政机关之间的合理调配、盘活资源，改善资源分配不均的现象，提高资源的使用效率；另一方面，设置单一的分配主体，进行资源的集中统一分配，也是精简机构的应有之义，这有助于破除机构和人员冗余，在提高行政效率的同时降低行政成本，即减少分配活动本身对资源的消耗。集中统一的分配体制下，还应通过协调机制的构建实现彼此在资源分配活动中的相互配合，避免因为衔接不畅，而减损了资源分配的效能。[②]（如图 1-1 所示）。

（二）纵向关系

20 世纪 90 年代，国务院机关事务管理局建立了非官方、松散型的全国机关事务工作协会，打破了各自为政的封闭局面，开始了自

① 唐兴霖．里格斯的行政生态理论述评［J］．上海行政学院学报，2000（3）：44-52.
② 湛中乐．机关运行保障的立法逻辑［J］．中国法学，2020（1）：49-66.

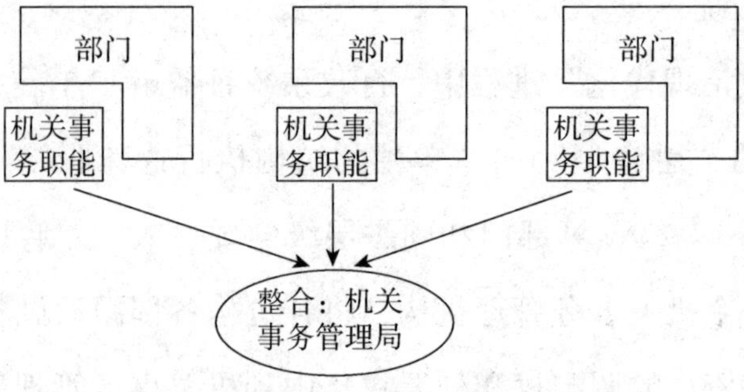

图 1-1　政府运行保障体系组织内部结构调整

中央至地方的联络协调，但这种业务联系的方式是一种协商机制，并不是行政指令式的。1991 年 10 月，召开全国性机关后勤部门培训工作经验交流会，中央国家机关各部门办公厅（室）主任或行政司司长、各省区市和计划单列市政府办公厅主任或机关事务管理局局长共 180 余人参加，这是第一次专门研究政府机关后勤培训工作的全国性会议。1995 年 2 月，召开全国机关事务工作协会第一次会员代表大会暨机关后勤机构改革情况交流会，宣布成立全国机关事务工作协会，为各地区、各部门机关事务工作改革和发展提供咨询和服务，促进组织交流与联系沟通。1996 年 9 月，成立中国机关后勤杂志社，创办《中国机关后勤》杂志，这是全国机关后勤系统第一本综合性刊物。2008 年 8 月《公共机构节能条例》颁布实施，这一体制开始从“块块”向“条条”转变。同年 4 月，重新修订的《中华人民共和国节约能源法》，在第五节增加了“公共机构节能”的内容，这从法律上确立了机关事务管理部门对本级公共机构节能业务的指导地位。而机关事务管理部门上下级业务关系的确定是随后不久颁布实施的《公共机构节能条例》的首要内容。《公共机构节能条例》（以下简称《条例》）第一章总则第四条规定"国务院管理节能工作的部门主管全面的公共机构节能监督管理工作。国务院管理机关事务工作的机构在国务院管理节能工作的部门指导下，负责推进、指导、协调、监督全国的公共机构节能工作"。在各地依据该《条例》出台的《公共机构节能管理办法》中都明确规定本省（市、县）机关事务管理部门负责推进、指导、协调、监督全省（市、县）的公共机构节能工作。

2012 年 10 月的《机关事务管理条例》从法律上明确了在纵向上要建立从中央到地方的业务指导关系，使政府运行保障的相关事务从"块状管理"向"条块结合"转变，机关事务工作机构除接受同级党委、政府的领导外，在业务上还接受上级机关事务工作机构的指导，即建立全国机关事务管理系统的行业指导关系，以贯彻统一的政策、制度和标准。[①]

二、组织边界结构调整

这一时期政府运行保障体系组织边界结构的调整体现为两方面：一是政府后勤服务部门的企业化改革范围进一步扩大。2001 年《国家计委关于"十五"期间加快发展服务业若干政策措施意见的通知》提出"学校、医院和企业、事业单位以及党政机关营利性的后

① 丁煌，李雪松．新中国 70 年机关事务治理的制度变迁：一项历史制度主义的考察［J］．理论与改革，2020（1）：88-99.

勤服务机构都要改制为独立法人企业。新组建并由国家财政拨款的行政事业单位，原则上不再设立后勤服务机构，所需服务由社会提供。鼓励民间投资兴办面向机关和企事业单位的后勤服务”①。党的十六届三中全会要求完善社会主义市场经济，建立健全现代产权制度。产权问题是推动后勤机关社会化改革的关键问题之一。一些有条件的后勤机关进行了股份制改革，改组为有限责任公司或股份有限公司。与事业单位形式相比较，股份制公司通过向社会和内部职工转化或吸收股本，改变了之前单一产权主体的产权结构，实现多元化产权主体；按照现代企业制度，建立和规范了法人治理结构，由股东会选举产生董事会，建立具备股东会、董事会、监事会、总经理的现代公司组织架构，完善领导聘任制度，实施科学有效的人力资源管理，建立科学化、规范化的现代企业组织制度和管理制度。后勤服务集团是跨系统跨单位联合组建的提供后勤服务的集团，是对“跨系统组建，跨地区联合”的响应。一般情况下，后勤服务集团是多单位、多部门按现代企业制度建立的，运营范围包括餐饮、绿化、保洁等多样化后勤服务内容。

二是推动政府向市场（集团或企业）购买政务服务。全国机关事务主管部门的直属单位类型主要分成两种。第一种是受委托代行国务院机关事务管理局管理职能的直属单位，包括公积金管理中心、公共节能中心、政务信息管理中心、办公用房管理中心等；第二种是后勤服务生产和提供的负责机构，包括宾馆、离退休干部服务中

---

① 国务院办公厅转发国家计委关于“十五”期间加快发展服务业若干政策措施意见的通知［EB/OL］. 中国政府网，2016-10-11.

心、文印中心、饭店、开发公司、食堂、幼儿园、理发店等，但各地差异很大。

综上，1998—2012年间政府运行保障体系组织内部结构向集中统一的方向改革，在法律层面体现为，横向上一级政府设立一个机关事务管理部门，统筹全部具有共性的机关事务；纵向上确立了上级机关事务管理部门与下级部门的指导关系。组织边界结构的改革方向为将更多的服务类事务市场化，这就涉及机关事务管理部门与市场主体间关系的调整，以及形成的边界结构如何治理的问题。无论是组织内部结构还是边界结构，从中央到地方都呈现出地区性差异。

本章小结

随着我国政府运行保障的内容和方式的不断发展，组织结构也随之变革。新中国成立至改革开放，政府运行保障的工作重心在于为党政机关“保供给”，组织内部结构呈现为一种粗放式的集中。从一级政府来看，中央成立中央人民政府政务院机关事务管理局，制定保障政策、确立服务标准、拟订保障计划，负责领导人的生活服务和安全警卫，政府运行的经费和财务管理，会议和接待服务，办公用房和宿舍的基建、调配、修缮以及机关所需汽车的管理、分配、调拨等工作。地方各级政府也成立了机关事务管理部门，职能与中央类似。但同时，由于资源匮乏和行政效率的客观需要，一级政府各部门内部也有相应的机构（一般为办公室或成立后勤服务机构）担负着本部门经济生产、物资流通、机关建设、财政保障等多项职能。政府各部门自办多种不同形式的生产服务实体，负责组织内部计划性生产和分配，这些服务机构与各部门的关系是一种基于专业分工的组织内部科层关系。改革开放后，计划经济向市场经济转型，政府运行保障组织从边界结构的调整开始，将服务机构从组织内部转移到组织外部，各部门与其的关系从科层组织内部关系向合同关系转型，这也是后勤服务社会化的过程。在组织内部，依然呈现出一种分散的职能式结构模式，即各部门负责各自的后勤保障事务。这一内部组织结构从分散向集中转型始于1998年。国家通过建立部门预算制度将各部门的机关运行经费集中于财政部门，由财政部门统一配置；同时重新登记行政事业单位国有资产产权，将这部分资产收归国家所有，由国家委托相关部门（财政部门、机关事务管理部门）集中配置和处置，并设立统一的分配、维修、处置制度和标准——建立了各级机关事务管理部门（或财务部门）统一管理政府各部门后勤机构的职能式的组织内部关系。组织边界结构上，政府采购制度的建立确立了通用资产和维修项目等政府运行保障事项的集中购买制度，即从各部门分散购买转变为一级政府统一购买，但有些部门依然保留了诸如宾馆、离退休干部服务中心、文印中心、食堂、幼儿园、理发店等后勤生成和服务性机构（作为其直属事业单位），组织间科层关系向组织外市场关系的转型还在继续。以下各章节将具体分析2012年以后政府运行保障体系组织结构及其具体的治理机制。

第二章

制度环境：当代政府运行保障体系组织结构变革的背景

制度体现的是一种已经获得某种地位或特征的社会秩序或模式。制度环境是一种确立行动者身份认同的程序或规则框架，是组织的行动脚本，为组织变革提供可行空间。本章以政治系统论为理论模型，分析党的十八大以来政府运行保障体系的制度环境及其对政府运行保障体系组织结构的要求，在此基础上梳理政府运行保障体系组织结构创新面临的机遇与挑战。

第一节　当代政府运行保障体系的制度环境

一、系统论视角下政府运行保障体系改革的理论建构

（一）系统论的一般性阐释

西方政治学者戴维·伊斯顿将系统论引入政治分析时建构了“输入—内部转换—输出”理论模型，认为外部环境通过“输入”

影响政治系统的运行，政治系统对“输入”进行加工并转换为政府的决策和活动，即“输出”，这一加工的过程可视为系统内的转换过程。[①] 此后，输出又会影响成员再次向系统表达输入的方式和内容并再次进入系统。政治系统在这种与外部环境进行“输入—内部转换—输出”的互动中，完善系统内部各要素并与外部环境进行良性互动，以此维持系统的稳定和持续发展。阿尔蒙德在这一框架基础上将“输入环节”细化为“利益和需求的表达”“利益整合”“政治社会化”“政治沟通”，将“输出环节”细化为“法规制定”“法规试行”“法规调整”。可见，西方理论中的系统论范式多从国家与社会关系入手，注重社会系统的“输入”部分和作为一个整体的政治系统的“输出”部分，对系统本身没有过多拓展。我国学术研究也很重视系统分析，但认为系统论不只强调系统的“整体性”及其与外部制度环境的关系，更关注系统内部的组成要素及要素间的关系。[②] 党的二十大指出：“万事万物是相互联系、相互依存的。只有用普遍联系的、全面系统的、发展变化的观点观察事物，才能把握事物发展规律。”[③] 阐明了系统分析应从整体出发再进行要素的分解，最后整合成一个整体进而研究和解决问题。对政治系统来说，不仅要分析政治系统与外部环境的互动，也要分析政治系统内部各要素及其组织方式、具体职能。一方面，社会和政治系统与环境的

① 伊斯顿．政治生活的系统分析［M］．王浦劬，等译．北京：华夏出版社，1999：35.
② 魏宏森．钱学森构建系统论的基本设想［J］．系统科学学报，2013，21（1）：1-8.
③ 习近平．高举中国特色社会主义伟大旗帜　为全面建设社会主义现代化国家而团结奋斗：在中国共产党第二十次全国代表大会上的报告［M］．北京：人民出版社，2022：20.

互动构成了政治系统变迁的主要动力；另一方面，对政治系统本身来说，政治系统中的各项制度安排并非单独存在，各项制度之间具有高度的联动性，制度之间的互动构成了政府运行保障体系的制度环境。系统变革是由不同制度（有可能是单一制度，也有可能是制度组合）作为动力机制作用于系统内不同的要素（或要素的组合），通过触发系统局部性变动而引起的。

（二）政府运行保障体系组织结构改革的系统论建构

组织结构即政府部门之间、各级政府之间如何进行权力配置，具体表现为职能划分和机构设置两部分。政府运行保障组织结构是政府运行保障管理中不同主体的权力分配方式。从系统论视角审视政府运行保障体制改革，系统内结构即职能和机构两个基本要素以及二者之间的互动。政府运行保障体制也是政治系统中的一个子系统，外部环境作为系统变迁的动力机制，牵引政府运行保障体制的渐进式改革。外部环境包括两部分，一是社会经济系统，如经济体制变迁、公共舆论影响等，它们通过特定的结构机制影响政治系统，进而影响政府运行保障体制；二是政治系统内部其他子系统，如党的建设、行政体制改革等作为系统的“内输入”对政府运行保障体制产生更为直接的影响。为应对制度环境的变化和维持系统内的动态平衡和稳定，政府运行保障体系的组织结构发生改变，体现为组织内机构合并、精简、赋权和组织边界的调整，此为系统的“内部转换过程”。最终，通过对政府运行所需的“物”的保障与规范，完善政府内部物质资源的分配，间接提升政治合法性而完成系统功能的发挥。

二、作为外部环境要素的社会系统

（一）公共舆论的影响

按照现代政治的观念，保障政府运转的资源因其源于公共财政而具有“公有”属性，对其使用的限制和监督成为社会关注的焦点。

这其中最受关注的是“三公经费”。“三公经费”指政府部门人员因公出国（境）经费、公务车购置及运行费、公务招待费产生的消费。自2014年起，“全国三公经费9000亿”的说法一度甚嚣尘上。网上流传佐证力度比较强的数据有以下三组：刘光复委员提到“每年各级政府官员公车私用费用达2000多亿元”①；《瞭望》周刊报道，2004年全国公款吃喝3700亿元，并指出数字来自国家信息中心经济预测部宏观政策动向课题组；② 据2000年《中国统计年鉴》的数据显示，1999年的国家财政支出中，仅干部公费出国一项消耗的财政费用就达3000亿元。③ 三者之和确实接近9000亿元。姑且不论“9000亿元”真实与否，但这反映了国民对于“三公经费”的关注和行政成本高昂的内心认定。这一关注作为一种隐性的压力型要求，为政府自身的运行管理提出了新的要求。

---

① 每年公车私用2000亿，委员呼吁建节约考核机制［EB/OL］. 新浪网，2006-03-14.

② 比公款吃喝3700亿元更可怕的事［EB/OL］. 搜狐网，2006-11-02.

③ 《为政三要》［EB/OL］. 共产党员网，2014-04-30.

（二）市场经济的发展与相关配套政策的完善

政府运行保障为政府部门正常运转及其公职人员提供所需的物质资源，市场经济与社会的发展使得资金来源更加丰富。住房的集中统建、统分、统管，物业供暖货币化改革，配套养老医疗改革等一系列经济社会领域的改革，以及公共交通的发展带来出行的便利等，都使得政府直接提供的后勤服务范围逐渐缩小。政府的后勤服务从单位体制下为政府公职人员提供医疗、住房等机关后勤服务过渡到新时代更加侧重对政府运转提供服务以及对公职人员提供有偿服务。

（三）数字化等治理手段的丰富也为政府运行保障管理提供了技术支撑

党的十八大以来，以习近平同志为核心的党中央高度重视信息化、数字化。党的十九大提出，建设网络强国、数字中国、智慧社会，也就是要加快网络力量、数字中国和智慧社会的建设，利用大数据改善国家治理的现代化，促进政府管理和社会治理的创新。党的十九届四中、五中全会分别提出推进和加强数字政府建设，国民经济和社会发展“十四五”规划和2035年远景目标纲要将数字政府建设单列一章，擘画了数字政府蓝图。借助数字政府建设，政府运行保障管理也开始探索数字化的技术路径。国家机关事务管理局正在通过机制建设（政府管理方式、流程和技术设计等方面）整合和扩大机关事务管理职能。2018年5月，国家机关事务管理局印发《关于推进新时代机关事务工作的指导意见》，强调：“增强运用互联网、大数据、云计算、人工智能等新技术能力，推进‘互联网+’深度融入机关事务工作。”① 此后，机关事务数字化的试点工作相继在浙江、贵州、山东、山西等地实施。2020 年 7 月，国管局与京东集团签署《机关运行保障数字化建设合作框架协议》，从机关运行保障数字化顶层设计、平台建设、智慧升级等方面，积极推动机关事务治理理念创新、技术变革、模式重塑、效能提升。

综上，公共舆论的影响属于“压力型”输入，市场经济的发展与相关配套政策的完善、数字化等治理手段的丰富属于“支持型”输入，二者共同构成了政府运行保障体系组织结构变革的外部社会环境。

三、作为“内输入”的政治系统

（一）将对行政性资源的管理纳入党的政治和纪律建设

上文提到，对政府运行保障系统来说，因其资源源于公共财政而具有“公有”属性，对其使用的限制和监督自然成为社会关注的焦点。这种关注作为一种隐性的压力型要求，为政府自身的运行管理提出了新的要求。中国共产党首先在党风廉政建设上做出了回应，对机关资产的配备和使用，尤其是办公用房、公务用车进行了规范。党的十八大后，党中央、国务院出台了一系列涉及政府运行的党内

① 关于推进新时代机关事务工作的指导意见［J］. 中国机关后勤，2018（6）：12-15.

法规,[①] 包括办公用房、公务用车、公务接待等各方面，将政府运行保障放入了党的纪律建设中。《关于改进工作作风、密切联系群众的八项规定》（2012 年 12 月）中提出：“要厉行勤俭节约，严格遵守廉洁从政有关规定，严格执行住房、车辆配备等有关工作和生活待遇的规定。”《关于党政机关停止新建楼堂馆所和清理办公用房的通知》（2013 年 7 月）要求“全面停止新建楼堂馆所，规范办公用房管理”。《党政机关厉行节约反对浪费条例》（2013 年 11 月）对党政机关经费管理、国内差旅、因公临时出国（境）、公务接待、公务用车、会议活动、办公用房、资源节约等作出全面规范。2015 年 10 月，中共中央印发了新修订的《中国共产党纪律处分条例》，将党的十八大以来严明政治、纪律和政治规矩、组织纪律、落实八项规定、反对“四风”等从严治党的实践成果制度化、常态化。2015 年，国管局党组出台了《关于加快推进机关事务法治建设若干问题的意见》，初步构建了以《党政机关厉行节约反对浪费条例》《机关事务管理条例》和《公共机构节能条例》为基础、以专项法规为支柱、以制度标准为主体的法规制度体系。2023 年 12 月再次修订的《中国共产党纪律处分条例》（以下简称《条例》）进一步把“不成文的规矩”具体化为成文纪律要求。如“坚持勤俭节约，反对铺张浪费”是党的优良传统，是新时代对党员干部的重要要求，《条例》新增第一百三十三条对餐饮浪费的处分规定，在第 150 条中新增对

① 党内法规是党的中央组织，是中央纪律检查委员会以及党中央工作机关和省、自治区、直辖市党委制定的体现党的统一意志、规范党的领导和党的建设活动、依靠党的纪律保证实施的专门规章制度。

铺张浪费行为的处分规定。

（二）“行政权力减量改革”[①] 与职能优化

党的十八大以来，行政体制改革包括两方面：一是行政体制内部的权力结构优化，编制、职位、部门的精简，政府层级关系的调整；二是体制外的机制改革，即以市场作为资源配置的决定性机制，完善向市场和社会购买服务的机制。[②] 对行政组织内部结构来说，机构精简和职能优化是大趋势。党的十八大提出“严格控制机构编制，减少领导职数，降低行政成本”。十八届三中全会在此基础上又提出“推进国家治理体系和治理能力现代化”这一总目标，党的十九大进一步提出“深化事业单位改革，强化公益属性，推进政事分开、事企分开、管办分离”。十九届三中全会提出“优化党和国家机构设置和职能配置，坚持一类事项原则上由一个部门统筹、一件事情原则上由一个部门负责”；“坚持优化协同高效，优化就是要科学合理、权责一致，协同就是要有统有分、有主有次，高效就是要履职到位、流程通畅”。党的二十大以来，改革旨在加强党的全面领导，确保党中央的集中统一领导得到有效落实。

对行政组织边界结构来说，十八届三中全会提出：“政府简政放权。推广政府购买服务，加快事业单位分类改革。”这说明在政府运行保障体系的组织边界结构改革中，后勤服务社会化依然是大方向。

① 王浦劬．中国行政体制改革的基本思路和命题［J］．行政科学论坛，2014，1（1）27-28.

② 王浦劬．中国行政体制改革的基本思路和命题［J］．行政科学论坛，2014，1（1）27-28.

行政组织边界结构除政府与市场的关系调整外，还涉及政府与民众之间的关系。自党的二十大以来，“一站式服务”在政府文件中被强调，并作为提升行政效能和优化政务服务的重要措施。“一站式服务”本义是指政府通过整合资源和优化流程，为公众提供集中、便捷、高效的服务方式。在政府文件中最早可追溯到2002年8月，中共中央办公厅、国务院办公厅联合下发的《国家信息化领导小组关于我国电子政务建设指导意见》。党的二十大后，将其置于数字中国和建设服务型政府的战略中，以公民为中心，以提高政府回应性为目的，强调综合性界面组织与政府组织衔接，一方面整合民众需求，另一方面整合政府资源、机构和办事流程，使服务对象从与一个个政府部门打交道转而只需通过一个界面就能满足所有需求。① 公共事务的需求方是民众，供给方是政府和市场。2012年政府运行保障体系确立了集中统一管理体制后，政府运行相关保障性事务的需求方是政府各部门，供给方是各级政府机关事务管理部门，这种“一站式服务”的路径也为保障性服务的供给方式改革提供了思路。

综上，外部公共舆论的关注通过系统内部党的政治建设和纪律建设对政府运行保障体系组织结构建设提出了要求，内部行政权力减量改革与职能优化又对组织结构中的机构与职能设置进行了约束。

① 赖先进．集成型组织：基层政府治理新结构的生成逻辑与调适机制［J］．党政研究，2023（1）：84-92；李华胤．集成式联结：党组织何以引领社会治理共同体的构建［J］．华中师范大学学报（人文社会科学版），2023，62（1）：43-51.

第二节　制度环境对政府运行保障体系组织结构的要求

政府运行保障的对象是整个党政机关，那么机关事务管理机构如何更好地适应党的十八大以来国家行政权力的全维度调整是组织结构改革的内在要求。中国党政机关构成的系统多达五个层级，机构变动方式复杂，多个维度的交叠构成高度复杂的组织。具体来说，机构变动至少存在组织内部结构与边界结构两个维度：从组织内部结构来看，一是机构隶属关系的变动维度，其中包括特定机构层级的变动，也包括特定机构变更其上级机构，其中包括属地管理和垂直管理之间的变动等形式；二是机构在党政两个大类机关系统之间的转换或同属于党政两类机关的维度，如一个机构、两块牌子的情况等；三是特定机构的设立、分立、合并和撤销的变动维度。从组织边界结构来看，机构在不同类型组织之间的转制维度，即特定机构在行政单位、事业单位、社会团体单位、企业单位和民营非企业单位五者之间的转制。上述多个维度上机构的变动，会引发机关事务所管理资产尤其是不动产的变动，进而引发机关资产的流失。但无论如何变动，从体制改革整体来看，机构精简是大方向，也是硬杠杆。政府运行保障体制同样需要在这一大框架下调整，精简机构，提升保障效能。

一、组织内部结构调整：精简机构与优化职能

（一）机构精简与整合

相较于传统社会，现代社会的典型特征即结构一体化和制度一体化。[①] 对政府这一组织来说，政府职能部门整合、协调及跨界合作以提升公共服务效能是对新环境、新问题、新要求的主动回应。对政府运行保障体系来说，内部行政权力减量改革的“压力型输入”对组织体系中机关事务管理部门的整合与精简提出了新的要求，即各省市需将各级党政机关分散掌握的机关事务管理职能进行剥离，集中到一个专门的部门统一事权，并实行统一的政策、制度、标准，统一采购、配置和处置资源，建立了以经费管理、资产管理和服务管理为主要内容的机关事务管理体制。一级政府设立一个机关事务管理部门，通过部门间联合的方式减少机关事务管理部门总数量，以压缩机构规模。

（二）部门协同

机构统一后，还需处理同级政府机关事务部门、自然资源、财政部门等职能交叉问题。机关事务管理过程涉及不同部门，如机关事务管理部门、财政部、国土资源部（现自然资源部）、发展与改革委员会以及纪检监察机关，各部门之间如何分工与协作，让权力运行更加顺畅；机关事务管理主体与其对象政府各部门之间如何进行

---

① 张静．新型现代化国家的特征：政治社会学视角［J］．吉林大学社会科学学报，2023，63（5）：17-23.

协调，使得管理能够顺利进行，这些都是组织内部结构协同性的体现。各省市新成立的机关事务管理部门与财政部、发展和改革委员会、国土资源部（现自然资源部）等部门在权责分配上目前界限还较为模糊，尤其是与财政部门间权责交叉严重。其中表现较为突出的是资产管理领域，以省级机关事务管理为例，能够对办公用房、公务用车、机关用地、通用资产和其他资产等各类机关资产实施管理的只占 50%；关于资产管理的权限，行使资产清查登记、调剂使用、产权界定、修缮维护职能的管理局较多，而对资产进行设计规划以及对购置经费进行管理的职能相对较少。①

二、组织边界结构调整：服务职能析出与联合

（一）进一步将管理职能与服务职能分开

将后勤服务部门（各政府部门下属的机关服务中心）推向市场，把“单位”变成真正的“政府机构”。② 地方各级政府需首先完成的是将机关后勤部门析出，各部门通过设立机关服务中心，推进经营类后勤事业单位转为企业，通过这一方式将服务外置，压缩政府规模，不占用行政编制，进而压缩行政机构规模。

（二）处理服务性机构精简和联合的问题

将服务性机构析出和外置后，需要处理的是服务中心联合的问

① 王浦劬，梁宇，李天龙．十八大以来我国省级机关事务管理体制改革的发展及其思考［J］．中国行政管理，2018（3）：8-14.

② 朱萌．权力与职能关系视阈下机关事务管理体制改革实践：以 S 省为例［J］．行政与法，2022（3）：30-39.

题。几个部门设立一个机关服务中心联合保障，即通过部门间机关服务中心联合，压缩机关服务中心总数量的方式继续压缩政府规模。中央层面，在党的十九届三中全会《深化党和国家机构改革方案》的指引下，要求新组建的退役军人事务部、国家医疗保障局、国家国际发展合作署等部门不再设后勤管理岗位，由国管局统一保障。地方层面也对各省市一级政府整合机关服务中心提出明确建议。

（三）全国统一大市场的构建和区域、纵向间服务保障市场的共享共用

在同一空间区域不同类型、不同层次机关之间可以共同建立机关事务运行保障的内部市场，使政府各部门通过内部市场交易来调剂所需的物质资源，以提高闲置资源利用率，进而整体性地提高治理效能。建立内部市场机制，就要求不同机关的机关事务运行保障组织必须优先使用内部市场，内部市场调剂不成功的才可以转向外部市场，以此来保障内部市场中资源的最大程度利用，降低空转耗费，如保安的应急调动、招待场所的使用、交通工具的使用等。①

这些都对政府运行保障体系的组织边界结构提出了新的要求：一是推动社会化。加大机关向社会力量购买后勤服务的力度，凡不涉密的后勤服务项目均通过向市场购买服务方式提供。二是制定标准。各级政府在积极推进后勤服务社会化改革过程中，需研究制定机关后勤服务社会化改革指导意见和机关会务服务、物业服务通用

① 高鹏程．当前中国机关事务管理研究中的前沿问题：资产管理、层空关系和集中统一方式［J］．理论与改革，2020（1）：100-109.

标准，如此才能推动服务从“自办”向“购买”的转变。国管局会同有关部门研究制定《中央国家机关购买后勤服务实施意见》，并修订中央国家机关后勤服务项目标准。三是加强政府对服务提供者的监管，根据标准建立合理的绩效考核指标。四是在有条件的地方推进数字化平台建设。

第三节　政府运行保障体系组织结构改革的条件

按照系统论的观点，外部环境作用于政府运行保障体系，引起系统改变。外部环境一般分为“支持性输入”和“要求性输入”，前者对系统的持续是有益的，后者对系统的维系产生压力，二者共同构成了政府运行保障体系改革的动力结构。本节进一步分析外部环境给政府运行保障体系变革创造的条件。借用系统论观点，可以将这些条件分为“支持性条件”和“要求性条件”。制度的完善和技术的发展是政府运行保障体系组织结构改革的“支持性条件”，同时政府运行保障体系组织结构改革也面临着制度惯性、利益调整、技术融合等多方面的挑战，这些构成了改革的“要求性条件”。如何在保持稳定与推动变革之间找到平衡点，如何在确保公共利益的同时兼顾各方利益，如何在充分利用先进技术的同时确保信息安全和隐私保护，都是需要我们深入思考和解决的问题。

一、支持性条件

（一）制度赋权

制度建设，尤其是管理职能与权限的明晰进一步为机关事务管理主体赋权；资产配置标准、后勤服务事项指导性意见的出台为管理规范化和服务标准化提供了依据。

党内法规的细化和行政法规的制定为机关事务管理部门赋权，使其在行使对机关资产和经费等管理权力时有法可依。2012 年以后制定的相关党内法规、法律、行政法规包括：（1）将公务接待、公务用车、会议活动、办公用房等多项事务纳入党内法规（见表 2-1）。（2）制定和完善相关行政法规。2012 年 10 月，全国第一部全面规范机关事务工作的行政法规《机关事务管理条例》出台，对政府运行保障管理体制、职能提出了明确的要求，体制上明确了以“块块”管理为主向“条块结合”管理的转变；职能上规定了机关事务管理职能包括国有资产管理、经费管理和服务管理三大类十三项。（3）相关制度办法的细化。资产管理方面，细化不同资产（如办公用房、公务用车、通用资产）的管理主体和管理方式（见表 2-2）。经费管理方面，加强中央国家机关会议费管理；规范了差旅支出；完善了中央国家机关政府采购管理；持续推进机关运行经费纳入预算管理；通过建立并不断健全机关运行经费实物定额和服务标准体系来完善经费管理的标准体系（见表 2-3）。服务管理方面，制定《中央国家机关后勤服务指南》（2018 年 4 月），规定了对服务组织的管理及人员的培训、服务内容及其要求。购买程序上，制定《中央国家机关购买后勤服务管理办法（试行）》（2019 年 8 月），其中后勤服务指导性目录内规定了服务费用的定额标准，并规定纳入集中采购的项目委托集中采购机构采购。政府各部门是购买后勤服务的主体，应在定额标准以内购买各项后勤服务，建立台账、健全财务制度、规范资金管理和会计核算、开展绩效评价。地方层面，在《党政机关厉行节约反对浪费条例》《机关事务管理条例》《公共机构节能条例》基础上，各地区不断完善配套规章制度，印发了贯彻落实《党政机关厉行节约反对浪费条例》实施细则或办法、《机关事务管理条例》的办法或意见以及《公共机构节能管理办法》。为加强国有资产制度建设，绝大部分地区均制定了省级以及地市级规范国有资产管理的地方性法规、规章以及规范性文件，包括国有资产管理暂行办法、固定资产购置及处置工作流程、国有资产日常巡查等制度，为国有资产管理规范化建设提供政策依据，大大提升了国有资产管理工作的法治化水平。

表 2-1　新时代国管局参与制定的党内法规

时间	相关党内法规
2013 年 9 月	《中央和国家机关会议费管理办法》
2013 年 12 月	《党政机关国内公务接待管理规定》
2017 年 12 月	《党政机关办公用房管理办法》
2017 年 12 月	《党政机关公务用车管理办法》

表 2-2　资产管理的相关制度

时间	制度
2013 年 2 月	《中央国家机关通用办公软件配置标准》
2014 年 6 月	《政府机关及公共机构购买新能源汽车实施方案》
2014 年 11 月	《党政机关办公用房建设标准》
2016 年 5 月	《中央行政单位通用办公设备家具配置标准》
2018 年 3 月	《中央行政事业单位资产配置计划管理暂行办法》
2018 年 10 月	《关于开展中央行政事业单位废旧家具类资产环保回收工作的通知》
2020 年 3 月	《中央行政事业单位固定资产清查盘点工作指南（试行）》
2020 年 3 月	《国家机关事务管理局建设项目监督管理试行办法》
2020 年 5 月	《关于开展中央行政事业单位公物仓试点工作的通知》
2021 年 4 月	《行政事业性国有资产管理条例》

表 2-3　经费管理的相关制度

时间	制度
2016 年 6 月	《中央和国家机关会议费管理办法》
2019 年 8 月	《关于规范差旅伙食费和市内交通费收交管理有关事项的通知》
2019 年 8 月	《中央国家机关购买后勤服务管理办法（试行）》
2020 年 4 月	《机关运行成本统计调查制度》

除制度外，2012 年的《机关事务管理条例》（以下简称《条例》）建立了机关事务标准体系的国家框架，包括实物定额和服务标准、资产配置标准、办公用房管理标准、公务用车标准、后勤服务标准、公务接待标准六类。中共中央办公厅、国务院办公厅联合发布《党政机关国内公务接待管理规定》《党政机关办公用房管理办法》《党政机关公务用车管理办法》，对相关标准做出规定（见表 2-4）。

表 2-4 机关事务标准国家法定类型①

标准类型	规范依据	制定权限
实物定额和服务标准	《条例》第十条	机关事务主管部门
资产配置标准	《条例》第十八条	县级以上政府
办公用房管理标准（建设标准、维修标准、服务标准）	《条例》第二十一条；《党政机关办公用房管理办法》第十条第二款	国家发展和改革委、住房和城乡建设部、财政部
公务用车标准（配置、租用）	《条例》第二十五条；《党政机关公务用车管理办法》第七条	中共中央办公厅、国务院办公厅
后勤服务标准	《条例》第二十七条	机关事务主管部门
公务接待标准	《条例》第二十八条第二款；《党政机关国内公务接待管理规定》第四条	县级以上政府、各级党政机关公务接待管理部门

（二）技术赋能

保障机制的多样化有助于保障效果的提升。从最初的自办服务到政府购买服务，再到目前借助信息技术推进机关事务管理与服务的提供等，政府运行保障的方式更加丰富，为具体保障的实施机制提供了更多元化的选择。在体制约束的条件下，政府运行保障体系组织结构通过现有技术创新加以完善。

第一，数字化可以促进组织内部结构调整。数字政府是政府的数据服务、信息服务、知识服务，其根本目标是利用新生产力帮助政府获得和传递更多的数据、信息和知识，最终为政府治理目标服

① 温州市机关事务管理研究会课题组．机关事务标准：规范、体系和立法技术［J］．中国机关后勤，2021（3）：24-27.

务。数字政府的建设有两个基本要素。其一，海量数据资源的整合。信息和数据是政府数字化的基础。一般意义上的政务数据，是指各级行政机关、事业单位、社会团体或其他依法经授权、受委托的具有公共管理职能的组织，在履行职责过程中产生或者获取的各类数据。机关事务数据是机关事务管理部门存续、运转中产生的数据集合。它不仅反映了政府各部门及其人员的基本属性，同时也展现了机关事务管理、保障、服务的开展情况，是机关事务信息化的主要建设基础和高质量发展的重要保障资源。① 其二，数据流动平台的建立。数字政府的功能是为目标系统提供数据资源，而其核心是通过提供发展性的规则体系来促进“数据流动”。数据平台的建立可以保证数据资源在政府数据治理的不同层次中流动起来，这些层次不仅包括算法与技术系统（数字机器）内部、基于网络的应用系统之间（数据网络），还包括组织业务逻辑（应用系统）内部，以及线上和线下空间之间。② 数字化对政府运行保障体系组织结构中职能统一的驱动亦可以从上述两方面概括。其一，数据资源的整合可以促进机关事务管理部门资源获取职能的集中。由于信息技术的应用可能影响到组织的重要资源——信息资源的重新分配，其背后就隐藏着行为主体权力格局的变动。③ 数据资源的挖掘和占有、建立数据库的过

---

① 加强机关事务数据建设，助推机关运行保障现代化进程［J］. 中国机关后勤，2021（3）：5-8.

② 黄璜 . 数字政府的概念结构：信息能力、数据流动与知识应用：兼论 DIKW 模型与 IDK 原则［J］. 学海，2018（4）：158-167.

③ 赖茂生，樊振佳 . 政治利益对政府信息资源共享的影响分析：基于理性选择制度主义的视角［J］. 图书情报工作，2012，56（7）：112-116.

程同时就是机关事务主管部门获取机关所需物质资源的过程。其二，数据流动平台的建立为机关事务管理部门在资源分配及其监管职能上的集中提供了条件。对接机关事务业务系统的机关事务管理平台的建立便于机关事务主管部门集中向各部门分配物质资源，以及对物质资源使用情况进行监管。各部门及其公职人员对系统的应用和产生的依赖心理会加强机关事务主管部门的权威（如图 2-1 所示）。其三，数字化为整合复杂多样的政府运行保障相关数据，挖掘信息价值，进而为高价值信息的及时反馈和共享以及部门协同提供了可能。从内部看，大数据技术可以加强机关各业务部门，综合部门，物业、设施设备运行维护管理部门，二层机构等各部门之间的系统衔接、业务配合、数据共享能力；从外部看，大数据技术能够助力建立起可靠的保障服务意见信息的收集渠道和统计存储模式，并加以科学筛选分析，形成有效的“提供服务→意见反馈→提升服务”

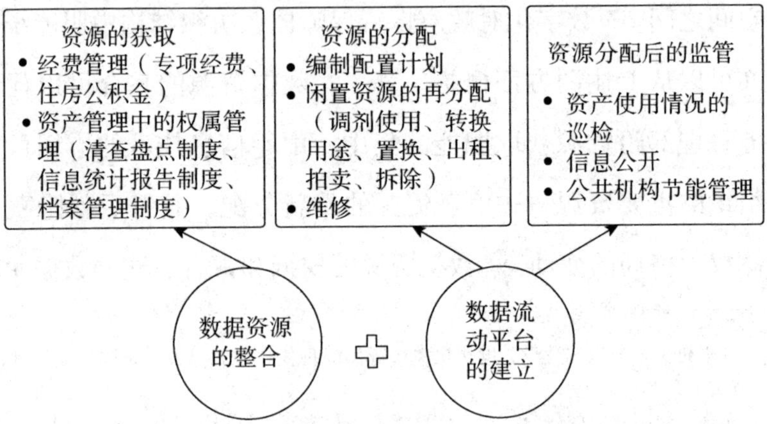

图 2-1　数字化驱动机关事务管理职能集中

的良性循环模式；从全局看，大数据技术能够打通全国各级机关事务部门信息数据形成的一个个“信息孤岛”，有助于做到各级部门之间的信息共享和业务协同。

第二，从组织边界结构看，数字化也可以通过虚拟平台的搭建促进市场与保障对象的联结，进而优化保障效果，满足政务工作中更多个性化需求。例如，通过搭建后勤服务供应商信息平台，汇总和整合物业、餐饮、会议服务等社会资源，将供应商信息、时间期限、价格等在数字平台上展现，管理局审核平台企业的资质，设置服务质量标准，并定期对其进行监管。如此，政府各部门就可直接在平台上购买服务，并负责后勤服务的现场管理、服务人员培训和服务质量监管等事务性工作。即由数字化平台代替派驻机构实现了机关事务的“一站式保障”。此外，大数据可以助力保障服务工作满足个性化需求。大数据将海量数据聚合在一起，将离散的数据需求聚合形成数据长尾，从而满足传统中难以实现的需求。即便有些特定的需求看起来人数不多，份额较少，但是这样大量的碎片化需求聚合在一起所占的总份额会与主流需求旗鼓相当，这是保障服务工作中往往容易忽视的群体。例如，生活类服务中的餐饮保障，各单位人员数量和用餐需求存在差异，这些个体的需求数据会在数据的长尾下形成庞大的需求市场，为满足人群的需求以及个性化服务奠定了数据基础。

二、要求性条件

（一）组织内部结构

1. 组织设置

从整体上说，政府运行保障的首要目的是研究如何更加理性和科学地配置机关的物质资源，在节约行政成本和保障机关正常运转之间找到一个平衡点进行职能、机构的设置和制度、政策的制定，这是政府运行保障的内在要求和逻辑起点，也是它区别于其他领域的特点。从组织内部结构来说，既要精简机构，尽量由一个部门对机关事务进行集中统一管理，也要保证服务质量、提高服务效能。对应中国政府机构设计，政府运行保障的组织架构设计也需要在此目标上进行设计。实践中的挑战如下。

第一，处在同一地域空间内同一层级机关是否能够由一个机构进行服务保障的问题。对人口密度相对较低、可用土地充裕、城市腾挪空间较大的中小城市来说，市（州、盟）、县（区、旗）、乡镇这一级政府采取集中办公的方式由一个部门保障相对较容易，还可在提升机关事务管理效能的同时，优化本地城市规划，驱动经济增长，带动城市转型升级。然而，对首都、大部分省会城市、计划单列市以及部分规模较大的地级城市来说，因为城市内的腾挪空间较小，短期内达成集中管理的目标所耗费的成本可能是巨大的。

第二，驻地政府是否应当以及如何参与对上级机关驻本地分支机构的机关运行保障的问题。在至少存在三个及以上层级的城市中，其辖区范围内往往存在多个层次的上级机关派驻本地的分支机构。这些分支机构可能是新设立的，也可能是从他地转来本地的，亦可能是本地机构划归上级机构的，甚至可能是本地机构与上级机关的分支机构合并组成的。上级机关在本地派驻分支机构，需要一定的机关事务保障予以支撑，这就需要相应的办公地点、交通工具、餐饮乃至需要公务员的住宅安排，进而又需要必要的土地使用权划拨和商业用地安排等条件。由此，驻地政府在何种程度上参与上级机关驻本地分支机构的机关事务运行保障就面临着多种选择。

第三，在同一地区存在多个层级机关的情形下，机关运行保障所需要的通用服务是否要进行必要的整合，从而降低不同机关的资源局部冗余，提升全局效率效能。在同一地区往往存在多个层级的各类机关。例如，首都北京市在某个特定街道辖区内，除了街道一级部门，还可能存在着区、市和中央三层级的各类新成立部门保障问题。某些省会城市省级、市级、区级机关也都在一个区域内，在这样的情形下，机关运行保障所需要的交通、餐饮等通用服务是否仍有必要以机关层级为区隔，本级机关的机关事务运行保障中的通用服务，是否可以对不同层级的通用服务进行必要的整合，采取更加集中统一的方式降低冗余、提升效能，这是需要在实践中探讨的问题。

第四，在政府体系中存在着诸多垂直机关，这些垂直机关的运行保障如何与驻地政府的运行保障进行衔接结合，也是需要深入研究的课题。从垂直层级的数量来说，包括五个层级的垂直机关、四个层级的垂直机关、三个层级的垂直机关和二个层级的垂直机关等类型。如国家税务总局是五个层级的垂直机关，中国人民银行、省级市场监督管理局是四个层级的垂直机关。对于本辖区的所有中央垂直机关的运行保障，省级政府需要承担哪些职责，是否需要统一规划，如何对这些垂直机关的土地使用权资产进行统一管理，诸如此类的问题都需要深入研究。

第五，各层级政府不同类型的部门可能会向本辖区以外派驻办事机构，这些办事机构的保障如办公空间、交通、餐饮、土地使用权等也须进行有序管理。某些特殊驻地城市的办事处、联络处的规模数量相当庞大，其所需的运行保障需要大量的经济资源予以支撑，甚至在本地形成了“办事处经济”。如何提升这部分机关事务运行保障的效能，同时加强上级政府和驻地政府对这部分办事机构的有效监督，也属于层级和空间区域关系对机关事务管理产生影响的研究范围。①

2. 职能细分

在各级政府设立统一机构管理机关事务后，政府运行保障变成了一种对象性行政行为，涉及供给—监管方（政府运行保障管理主管部门）和需求方（政府各部门），需要进行权责划分。根据笔者调研发现，一是在有些事项上，政府运行保障管理部门与被保障部门权责划分不够清晰，如办公用房和通用办公设备的内部安排和使用管理、文件和信件的分发工作、节能管理，以及部门领导交办的其他相关事务。这些事务的责任主体尚未明确，分工也未形成共识，

① 以上五点的引用均来自：高鹏程．当前中国机关事务管理研究中的前沿问题：资产管理、层空关系和集中统一方式［J］．理论与改革，2020（1）：100-109.

保障过程中极易出现推诿现象，降低了保障效率。二是绩效评估机制的不健全。《机关事务管理条例》第十六条规定："县级以上人民政府应当建立健全机关运行经费支出统计报告和绩效考评制度，组织开展机关运行成本统计、分析、评价等工作。"第二十六条规定："政府各部门应当对公务用车实行集中管理、统一调度，并建立健全公务用车使用登记和统计报告制度。"但是，以上条文仅涉及机关经费和部分机关资产，关于公务用车之外的其他机关资产的占有、使用、变动等情况，以及后勤服务等活动的开展情况，缺乏统计、分析、评价。组织结构上的原因就在于机关事务管理部门与被保障部门的管理职责不顺、机制不畅，对管理机构的相关职能缺少法律上的赋权，直接影响其监管和评估职能的发挥。同时，政府运行保障体系的反馈系统要求在依据初始分配标准和分配计划完成资源分配活动之后，在系统内部对分配活动予以评估，并以评估结果为基础对分配标准与分配计划进行动态调整。由于没有建立起评估机制，直接导致对既有标准的动态调整环节也处于缺位状态。

（二）组织边界结构

由统一的机构依据统一的标准管理后，如何应对不同部门的不同需求？哪些服务应由政府保障？哪些可以寻求社会化服务？政府不予保障，需要进行标准细化和原则上的说明。各级政府的机关事务管理部门作为政府各部门后勤保障的直接管理者和组织提供者，有相应事项的管理权，但集中了权力的同时意味着集中了责任，集中了资源意味着集中了政府各部门的需求，这就需要在统一保障内容和标准（保基本）的改革取向和提供优质服务的部门需求之间进行平衡，即做好需求管理。理论上说，政府运行保障管理作为一种对政府各部门的物质分配和监管行为，不仅需要应对政治系统和社会系统的要求，还应对所服务和管理的政府各部门的需求和利益进行收集和综合。目前作为供给—监管方的政府运行保障管理主管部门和作为需求方的政府各部门在管理标准与服务范围的认知上存在一定程度的不统一，体系内也缺少供给方利益表达渠道。作为需求方，政府各部门希望扩大后勤服务保障范围（不限于政府运行相关事项）。作为供给方，目前政府运行保障的初衷是在精简人员、节约行政资源的基础上，形成一个政府运行保障的规范化蓝本，倾向于只保障政府运行所需的最基本的物质要素，并且对保障经费标准有严格的限制。因此，对服务事项的认定是后勤服务进一步进行市场化改革的前提。

除服务事项外，服务标准的缺失也为服务的市场化购买造成了一定程度的阻碍。国管局在 2018 年出台了《中央国家机关后勤服务指南》，对服务范围以及服务方管理做了基本规范，但这只是一个指导性意见。现在国管局直接负责新组建部门的后勤服务，需要具体制定各项服务标准，例如，餐饮标准、后勤服务流程标准、安保人员培训制度等，标准缺失不利于驻点组织的现场监管和优质服务的提供。

本章小结

党的二十大报告强调，要“坚持系统观念”。系统论强调从整体主义的角度研究问题，倾向于从整体性、有序性、动态性、目的性等维度发现、思考、分析和解决问题。[①] 相对于政府治理体系而言，政府运行保障管理因主要统筹政府内部事务，有其内在的特殊性，这种特殊性体现在职能与机构的设定、制度、文化和治理方式等各方面，因而自成体系，可以用“政府运行保障体系（或系统）”加以概括。同时，它也并不是孤立的，其发展和演变受到整个社会系统以及政治系统中其他子系统的影响，以资源配置方式的转变为前提，以政府改革为方向，又通过权威性政策和相关性价值的输出对政治生态乃至社会生态产生影响。

新时代以来，系统外公共舆论压力、系统内党风廉政建设和行政权力的减量改革对政府运行保障体系改革提出了“要求”，而治理资源的丰富和行政体制改革“大部门制”对职能建设的强调又起到了对改革“赋能”的作用。为应对“输入”且维持系统内的动态平衡和稳定，政府运行保障体系各要素及其联结发生转变，最终，通过对政府运行所需的“物”的保障与规范，完善政府内部物质资源的分配。未来的改革需进一步研究如何更加理性和科学地设置组织

① 程同顺，邢西敬．从政治系统论认识国家治理现代化［J］．行政论坛，2017，24（3）：18-24.

机构、配置机关的物质资源，在节约行政成本和保障机关正常运转之间找到一个平衡点进行职能、机构的设置和制度、政策的制定。此外，探索建立政府运行保障指标体系作为系统的“反馈机制”，联结输出环节与输入环节，完善系统的内循环，使改革动力更多从政府运行保障系统内部产生。

第三章

政府运行保障体系组织内部结构变革

组织构建多是为了达成既定的任务目标，因而，随着外部环境的变化、任务目标的迭代更新，组织功能也会随之转变，组织结构进而调整适应，以减少执行过程中的损耗，提升整体的管理效能。在我国，政府运行保障的职能随社会主义现代化建设和国家经济社会发展而不断进行自我调整和完善。在习近平新时代中国特色社会主义的指引和国家治理体系和治理能力现代化的要求下，我国政府结构和职能发生了重大变革。相应地，机关事务管理职能也要进行必要的转变。而与之紧密相连的组织结构，也进行了相应的调整和优化。

第一节　组织内部结构：从职能式结构到界面结构

一、职能式结构

科层制是一种强调等级制度和规则化的组织管理方式，而科层制内部又会以职能为依据划分为不同的部门和岗位，每个部门或岗位都负责特定的任务。职能式结构就是描述组织内部各项业务工作如何组织、分配以及业务部门之间的相互作用和关系，它关注于组织内部各部门、岗位之间的职能分配和协调，以确保组织目标的实现。政府职责体系的构建就是以对职责进行明确的划分和整理为前提。在相当长的时间内，中国的机构调整都在职能转变的背景下进行。

改革开放相当长的一段时间内，从政府运行保障整体来看，每个部门都设立有“大而全”“小而全”的机关事务管理机构。每个单独的机关事务管理机构要负责全面的管理服务保障工作，虽然各级政府都设立了机关事务管理部门，但没有相应的法律法规对其职能进行规定，也就是说，这一体系组织的制度化程度很低。2012 年《机关事务管理条例》试图改变这一现状，在政府运行保障体系建立集中统一的职能式组织结构，即同级政府各部门建立一个专门的机构管理机关事务，并依据机关事务的范畴划分不同职能，设立相应的机构。例如，办公用房管理与办公区节能管理不同，应建立不同的职能机构。一般来说，各级政府中的机关事务管理部门依据职能不同设置的内设机构包括公车管理机构、办公用房管理机构、资产管理机构、后勤服务机构、节能管理机构等。本章的第二节将从“权力—职能”关系框架角度解释政府运行保障体系的职能结构及其内部权责关系。

二、界面结构

集中统一改革后，要求政府各部门取消各自的后勤机构和人员编制，由同级政府机关事务管理部门依据统一的制度和标准进行保障，一方面降低资产配置的随意性，避免分散保障带来的部门间苦乐不均，实现保障的公平性；另一方面后勤服务的集中供给便于形成规模效应，节约成本，实现保障的经济性。① 然而，在实践过程中发现，机关事务的内部性依然要求每个部门在办公室或财务处等部门保留1~2个岗位，负责本部门的机关事务和与机关事务管理部门对接，这就涉及机关事务管理部门与政府各部门的权责划分和协同机制。目前，集中管理极易因机关事务管理部门及其职能的机构和政府各部门权责划分不清影响保障效能。其一，被保障部门与机关事务管理部门间权责不清。被保障部门作为资产和后勤服务的使用主体，在机关事务管理各环节都需要履行部分责任。但集中统一改革后各部门不设后勤管理岗，希望所有机关事务类工作都由机关事务管理部门承担，各部门在机关事务中"支点"的缺位，导致政府运行保障过程中部分环节责任主体不明确，保障过程中极易出现推诿现象，降低了保障效能。加之政府各部门所在办公区相对分散，

① 有关机关事务集中统一管理的实践路径，已有诸多研究，具体参见：彭宗超，曾学华，曹峰．我国机关事务集中统一管理改革的理论与实践分析［J］．理论与改革，2020（1）：110-119；高鹏程．当前中国机关事务管理研究中的前沿问题：资产管理、层空关系和集中统一方式［J］．理论与改革，2020（1）：100-109；余少祥．机关事务集中统一管理：理论与实践［J］．北京大学学报（哲学社会科学版），2021，58（4）：141-150.

一般地方同级人大、党委、政府、政协等部门近60个，分散在4~5个集中办公区，由一个部门统一保障，反而增加了行政成本。其二，被保障部门与机关事务管理部门各职能机构间权责不清。在职能式结构下，被保障部门若要获得保障资源，则需要分别与各个部门沟通。以资产为例，不同资产从权属、配置到处置，均需同机关事务管理局多个内设机构打交道，资产的能耗管理如维修和节能统计又要统一与后勤服务部门和节能部门对接，部分内设机构间存在职能交叉现象，组织结构烦冗、流程混乱，降低了保障效能。

在公共治理领域也存在这样的情况。随着公共事务的复杂性、民众需求的多样化和一体性，如何既一体化回应公众需求，又能在政府的专业性和协同性间寻求平衡成为建构现代政府理论的关键。近年来，“集成型政府”“平台型政府”“界面型政府”等新的政府理论，均试图在尊重社会和民众需求以及科层制特性基础上改革政府体制，解决这一难题。“界面结构”强调打造综合性界面组织与政府组织衔接，使服务对象从与一个个政府部门打交道转而只需通过一个界面就能满足所有需求。① 为提高治理效能，在政府运行保障领域，目前已有一些省市开始采用构建界面进行治理的实践。例如，一些省市的机关事务管理部门在几个分散的集中办公区设置对接机关事务管理局职能的机构和被保障部门的派驻组织，这是实体界面的重构；一些省市建设了机关事务数字化平台，这是虚拟界面的搭

① 赖先进．集成型组织：基层政府治理新结构的生成逻辑与调适机制［J］．党政研究，2023（1）：84-92，127；李华胤．集成式联结：党组织何以引领社会治理共同体的构建［J］．华中师范大学学报（人文社会科学版），2023，62（1）：43-51.

建。本章的第三节将从界面治理角度分析后集中统一管理时期，政府运行保障体制的界面结构及其与职能式结构的对接。

第二节 职能式结构与权责划分

上文已提及，党的十八大后，社会对“三公经费”的关注以及从严治党的要求，使得政府运行保障领域的各种制度从具有“部门性”的内控制度上升至更为“公共性”的制度范式，制度的颁布需要由统一的机构推动和监督，自中央到地方各级政府的机关事务管理机构确立了与政府各部门后勤机构（有些部门设在办公室，有些部门设在机关服务中心）的行政关系，即完善政府运行保障体制的职能式结构。具体来说，就是将机关事务的管理权限从各部门剥离（撤销各部门中履行这一职责的机构），集中到一个机关事务主管部门，这项改革涉及政府内部各部门基于横向行政职权关系所带来的权力关系的调整。对机关事务主管部门来说，与其他部门在这一职能领域权力关系的调整的前提是这一部门自身管理权力的集中和部门职能的重塑。所以，政府运行保障职能式结构的建构意味着机关事务主管部门权力边界的延伸和部门职能的扩容。本节试图从权力与职能关系的理论视角切入，诠释这一结构性变革的内涵，并结合中央和地方（S省）案例分析改革路径。

一、“权力—职能”关系框架与政府运行保障的职能式结构

行政体制改革的逻辑顺序可以归纳为：首先，界定政府职能；其次，依据政府职能，确定政府机构的具体组织形式；最后，通过科学合理地配置政府机构间职责关系以巩固职能转变与机构改革的成果。[①] 如果将政府视为一个整体，政府改革就是各部门权责关系的再调整。而现实中，政府职能本质上是来自每个机构职能的总和。所以对单一政府部门来说，政府改革的实质是部门职能的调整问题。

理论上来讲，政府职能的构成包括职能对象和职能范围两方面，前者指行政权力客体，后者指部门权力的边界。笔者认为，二者的关系可以进一步细化。从政治权力的本质出发，权力有三重特性：广延性、综合性和强度。广延性指遵从掌权者命令的对象数量的多少；综合性指掌权者能够调动其管理对象所采取行动种类的多少；强度是指掌权者的命令能够推行并得到遵从的程度。[②] 服从权力的对象多，说明权力集中；反之，权力分散。权力对象的全部活动受到权力控制的范围越大，权力越集中；反之，权力分散。在权力控制领域内，权力所有者对权力对象的控制程度越深，权力越集中；反之，权力分散。行政职能本义是指对行政主体功能和任务的认定，即行政机构应该做什么。从权力关系的角度来看，涉及两个层面的

① 何精华．政府职责动态配置的立论基础、实践逻辑与可行路径［J］．上海行政学院学报，2021，22（1）：41-55.

② JOUVENEL B. Authority：The Efficient Imperative ［M］// FRIDRICH C J. Authority，Nomos I. Cambridge：Harvard University Press，1958：160.

问题，一是行政权力的客体范围（权力行使的对象），二是行政权力的边界。前者对应权力的广延性，后者对应权力的综合性和强度（如图 3-1 所示）。

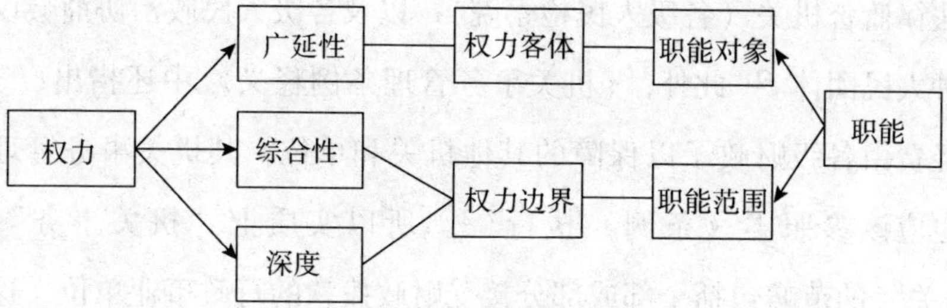

图 3-1　权力与职能的关系

在“权力—职能”关系框架下探讨政府运行保障体系的组织内部结构，可将政府运行保障看作调整政府部门内部利益关系的一种内部行政管理行为，其管理行为的权力主体是国家，国家委托各层级机关事务管理局进行具体管理，权力客体是政府各部门。以“权力—职能”关系为视角，政府运行保障的职能式结构转型包括管理权力客体（职能对象）的增加，即机关事务管理部门管理权的覆盖部门增多；权力边界（职能范围）的扩大，管理的类型和事项增多；机关事务管理部门针对具体管理事项的管理权限的加强。具体来讲，可分解为三个层面。第一，权力客体增多，即职能对象的覆盖面大。机关事务管理部门所直接服务或管理的部门增多，即政府各部门取消自己后勤服务和管理职能，统一由同级机关事务管理部门行使其权力，管理同级政府所有部门的机关事务。那么，机关事务管理部门的管理对象理论上应该包括哪些？从概念出发，“机关”通常指国家为履行各种职能而设立的部门，因而机关可等同于“行政组织”。具体来说，在我国，机关不仅包括党政机构，即权力机关（各级人民代表大会）、执行机关（各级政府）、审判机关（各级人民法院）和法律监督机关（各级人民检察院），以及各级人民政治协商会议和各种人民团体。[①] 此外，《机关事务管理条例释义》中还指出，“运行经费由各级财政予以保障的其他机关和单位，其机关事务管理活动也应该参照本《条例》执行”[②]。所以实质上“机关事务”中“机关”的范畴包括全部或部分接受财政拨款的行政事业单位。这些组织在机关事务管理中或需要接受《机关事务管理条例》等相关法律法规的约束，或需要参照执行。第二，权力边界的拓展，即职能范围扩大，包括两方面。横向上，属于机关事务的范畴增加。理论上说，机关事务有三类事项需要统一管理：一是经费的统一规划和使用，包括制定机关运行经费的预算，以及相关专项经费的集中管理。[③] 也就是说，每一级政府或者每一个体系的机关事务管理工作，在每年都应该编制预算，接受预算监督。二是资产统一所有、采购

---

① 《机关事务管理条例》第三十四条规定：“其他国家机关和有关人民团体的机关事务管理活动，参照本条例执行。”“其他国家机关”指各级人大、政协、法院和检察院等，“有关人民团体”指参加全国政协会议的中华全国总工会、中国共产主义青年团等 8 个人民团体和依照《社会团体登记管理条例》第三条规定，经国务院批准免于登记的中国红十字会等 14 个社会团体。参见我国立法加强“三公经费”预算编制与支出：国务院法制办、国管局负责人就《机关事务管理条例》答记者问［EB/OL］. 中国政府网，2012-07-09.

② 国务院机关事务管理局，国务院法制办公室．机关事务管理条例释义［M］. 北京：中国法制出版社，2012 ：117.

③ 《机关事务管理条例》第十一条规定：“县级以上人民政府财政部门应当根据预算支出定额标准，结合本级政府各部门的工作职责、性质和特点，按照总额控制、从严从紧的原则，采取定员定额方式编制机关运行经费预算。”

和使用，即所有用于机关事务的资产都由统一的机关事务管理部门集中所有和管理。这些资产包括机关用地、办公用房、公务用车、通用办公设备等。三是服务的统一提供，即针对机关同质化的服务需求，应由相应的机关事务管理部门统一提供或者购买。本级或者本系统需要购买的物品或服务，应当纳入集中采购目录，由该机关事务管理部门统一采购。只有这样，才能实现集中统一管理所带来的规模化效应，降低收购成本。纵向上，管理权限的加深。对机关资产来说，集中管理权限应包括产权界定、清查登记、设计规划、调配调剂、修缮维护等；对机关经费来说，管理权限应包括各部门与机关运行相关经费的预算管理、专项经费管理、住房经费诸如公有住房的出售收入、维修资金和住房公积金的管理；对于服务管理，权限包括服务标准的制定、服务项目类别制定、所需服务的社会化购买，以及对服务质量的监管。

二、中央层面的政府运行保障组织结构的权责划分

政府运行保障体系虽然不是完全的纵向管理和职责同构，但中央层面颁布的政策具有统筹性，地方需要参照执行，或在统一的政策下制定地方办法。因而在讨论政府运行保障组织结构的权责划分时，本书将其区分为中央层面与地方层面，中央层面即统一的制度规定，对相应的法律法规进行梳理。地方层面是各省市依据实际情况的调整，本节以中部S省为例进行分析。中央层面，国管局职能的覆盖对象即权力客体是中央国家机关。由于中央各部门地理位置

分散，国管局管理的事务（权力的综合性）和管理权限（权力的深度）更多体现在政府资产管理上，后勤服务由各部门自行保障。中央层面政府运行保障组织结构的权责划分为各省市提供了一个顶层设计模板。

（一）资产管理方面

按照管理流程，资产配置环节，各部门制定本部门年度资产配置计划，报国管局审核。使用和日常管理环节，以各部门为主体，负责健全资产验收、入账、领用、保管、维护维修等内部管理制度；负责日常维护保养和维修、资产全面清查盘点、无形资产管理等。资产处置环节，国管局负责建立统一的处置平台，各部门按规定通过平台处置资产。按照资产种类细分如下。

1. 办公用房。国管局的统一管理体现在五方面：一是国管局集中权属，对办公用房进行全口径统一登记；二是统一规划；三是统一配置标准（各部门制订本部门年度计划）和审批程序（各单位依照标准申请调剂、置换、租用、建设，由机关事务管理部门审批）；四是统一处置标准并负责审批；五是统一大中修标准并负责前置审核（国管局每年向财政部申报整体预算，各部门是实施主体）。部门办公用房内部使用安排、资产台账、档案管理以及日常检查和维修均由各部门实施，所需经费从部门公用经费列支。

2. 公务用车。实行编制管理，统一管理体现在两方面：一是由国管局集中购置经费，制定配置标准，统一采购；二是集中处置，从安全、效益、规范三方面考虑，由国管局集中处置，车辆放在统一的平台上拍卖（因处置周期较短，车辆权属无须划转）。各部门负责部门所属车辆的权属登记和使用管理。①

3. 通用办公设备家具。在资产配置环节，各部门制订本部门年度资产配置计划，报国管局审核。使用环节由各部门自行管理。处置环节，各部门和机关服务中心等对外投资事项、单价或批量价值200万（含）以上的资产处置事项，由部门审核后报国管局，其他资产处置事项由部门审批后，列入国有资产年度决算报告。

此外，需要特别指出的是，上文所梳理的是“集中配置—各部门分散使用—集中处置”的资产管理体制。这种体制实现了资产管理在购置和处置环节的集中，即对资产的入口和出口集中管理，但对存量资产，即资产使用环节的监管是缺位的，导致出现了三方面的问题。第一，存量资产利用率不高，国有资产流失。一是资产底数不清。部分政府存量资产登记不全，信息更新滞后，资产总量、分布及实际使用情况不明，影响资源的有效配置。二是资产闲置。部分政府部门资产因规划调整、功能转变等原因长期处于闲置状态，未能充分发挥应有的经济效益和社会效益，造成了资源的极大浪费。三是资产管理不到位。在资产配置和处置环节，尽管国家出台了配置定额标准和处置标准，但各级政府怕保障不足，多以顶格标准保障，超出实际需求；有的单位借举办会议的名义，大量购置单位已配备的计算机、传真机、通信工具；有的单位在公务用车闲置的情况下又租用超标准公务用车；有的单位未经批准或未进行评估出租

① 参见《党政机关公务用车管理办法》（2017），《中央行政事业单位国有资产处置管理办法》（2009）。

房产或无偿出借房产，造成了国有资产的严重浪费。第二，资产调剂难度较大，行政成本不断攀升。政府各部门在资产管理上缺乏有效沟通与协作，资产难以实现跨部门、跨层级调剂。有资产需求的部门多通过政府采购而非部门间调剂获取资产，增加了行政成本。高额支出的行政成本若超出政府财政收入的增速，便是对生产性政府支出的挤占，更会出现对各项公共服务支出的蚕食，加重行政成本与效率、公平之间的矛盾。第三，资产分散管理，人力资源严重浪费。在当前分散式的存量资产管理模式下，每个部门都需要设立专门的岗位或机构负责闲置资产的配置、保管、维修、处置工作，该管理方式无疑加大了政府的人力资源投入。随着资产规模的扩大和管理复杂度的增加，这种人力投入也呈现出快速增长的趋势，给各级政府财政带来了较大压力。

针对这些问题，2020 年 5 月，国家机关事务管理局印发《关于开展中央行政事业单位政府公物仓试点工作的通知》，依托“公物仓”信息平台、国管局资产管理信息系统和第三方仓储管理系统，在中央行政事业单位内分级建立公物仓和公物仓资产调剂机制，通过对一级政府（涵盖机关本级、垂直管理机构和事业单位）的闲置资产进行集中管理、统筹调剂、资源循环共用等有效手段提升存量资产的综合使用效率，节约财政资源。具体来说，一是实施实体仓与虚拟仓并行策略。优先利用闲置场地或已建成的仓储设施建立实体仓，并通过数字化平台建立网上虚拟仓，实现资产的智慧仓储与盘活。二是将存量闲置资产全面纳入公物仓，实现全覆盖管理。具体涵盖土地、房屋、车辆、设备家具等，并确保每项资产“一物一卡”，分类清晰、分区管理。多地从需求出发进一步拓展资产类别，创建应急保障仓、罚没资产仓、租赁仓等。三是强化供需信息实时集中管理。通过数字化平台对仓内资产进行精准标注，推动存量资产信息的实时汇聚与集中展示，实现资产管理的智能化与高效化。四是构建全方位、全链条的资产管理机制。在公物仓业务布局中设置信息发布、统计查询、供需调剂等核心功能，细化各单位闲置资产的清查盘点、配置、出入库、维修、处置等制度。五是促进资产管理相关制度的互联互通与深度融合。建立健全资产盘活与通用资产配置计划联动机制，坚决贯彻“先调剂、后购置”的基本原则，持续完善循环利用及绿色低碳环保的回收处置机制。

从权责划分来看，公物仓制度的实质就是机关事务管理部门，在中央层面是国家机关事务管理局对政府各部门资产使用情况的集中管理。此前，面对某一资产的使用需求，各部门倾向于自行解决，而非考虑跨越部门边界的协调共享，为国有资产的低效运转和浪费滋生了空间。公物仓的建设与发展，正逐渐消解根植于政府内部对于资产管理的部门主义倾向，塑造开放、整合、协同、共享的集中统一理念，这正是政府运行保障集中统一管理所追求的基础与根本。① 由国管局通过公物仓对各部门的闲置资产进行管理，国管局的具体权限就包括各部门闲置资产的底数清查；资产在各部门进行调剂；入仓资产的保管和维修；入仓资产的统一绿色低碳回收处置；在政策允许范围内进行资产盘活；等等。对于有资产需求的政府部

① 王佃利，王文婷．集中统一视角下的政府运行保障平台：政府公物仓建设的实践探索与逻辑［J］．中国行政管理，2022（6）：33-40.

门，需向国管局公物仓管理机构提出申请，支付一定物流费用，获取所需资产。政府各部门也有义务向国管局上报闲置资产数额，并将资产入库。

（二）经费管理方面

《机关事务管理条例》对机关运行经费给予了正式定义："为保障机关运行用于购买货物和服务的各项资金。"并对机关运行经费管理做出专门规定，"县级以上人民政府应当推进本级政府机关事务的统一管理，建立健全管理制度和标准，统筹配置资源"，这是"机关运行经费"首次在行政法规中出现，明确了经费集中统一管理的权限，即制定机关运行实物定额①和服务标准②，并据此制定机关运行经费预算支出定额标准③和有关开支标准④。并明确，县级以上人民政府机关事务主管部门是制定机关运行实物定额和服务标准的责任主体。县级以上人民政府财政部门是制定机关运行经费预算支出定额标准和有关开支标准的责任主体。县级以上人民政府财政部门负责组织编制机关运行经费预算，机关运行经费预算的编制应当以机关运行经费预算支出定额标准为依据。实践中，在中央一级，国管

① 机关运行实物定额是指保障机关运行所需的有形物品（包括动产和不动产）的数量标准，同时也涵盖质量、技术等标准。

② 机关运行服务标准是指保障机关运行所需服务的内容和等级标准。机关运行服务标准主要包括会议、差旅、培训、物业服务等保障机关运行所需服务的内容和等级标准。

③ 机关运行经费预算支出定额标准是指编制机关运行经费预算使用的具体金额标准，通常表现为某类实物或服务的"价格"。

④ 机关运行经费开支标准是指机关运行经费开支的具体金额标准上限，类似某类实物或服务可以接受的最高价格。如会议费开支标准是会议费支出每人每天的最高限额。

局承担了中央国家机关各部门办公用房大中修和专项维修、公务用车配备更新等专项经费及国务院重要会议、国家重大活动等经费的管理工作。

（三）后勤服务管理方面

中央层面，后勤服务依然是分散的职能结构。国管局的集中管理体现在两方面。一是服务标准上，国管局在2018年制定了《中央国家机关后勤服务指南》（以下简称《指南》），规定了中央国家机关办公设备维修保养服务、物业服务（房屋养护维护、公用设施设备维护、保洁、绿化等服务项目）、安全保卫服务、印刷服务、餐饮服务、其他服务（含保留公务车辆维护保养服务/车辆保险、会议服务等服务项目）等纳入政府购买服务指导性目录的后勤服务项目的服务组织、服务人员、服务内容、服务要求和应急响应。中央国家机关各部门、各单位可参照《指南》组织提供或购买后勤服务。[①] 二是开支标准上，国管局在2019年制定了《中央国家机关购买后勤服务管理办法》（试行），包括后勤服务指导性目录和服务费用定额标准，并规定纳入集中采购的项目委托集中采购机构进行采购。各部门是购买后勤服务的主体，应在定额标准以内购买各项后勤服务，建立台账，健全财务制度，规范资金管理和会计核算，开展绩效评价。具体各部委的后勤服务都由各自保障，具体保障事项参照这些标准执行，国管局没有直接的管理权限。

① 《中央国家机关后勤服务指南》国管办〔2018〕80号（2018年3月28日）。

三、地方层面政府运行保障的权责划分

2012年《机关事务管理条例》出台后，全国大部分地区的机关事务均在进行集中统一管理的改革。例如，大部分省市均成立了机关事务的主管部门，机构的统一已基本完成。但在职能建设上，各地区情况各异。本部分要讨论的S省在2018年被国管局作为机构改革的试点单位，在2018—2020年进行了“重塑性”改革，改革涉及机构设置、职能调整，以及具体的机制建设等各方面，为政府运行保障体系组织内部结构的整体性研究提供了一个典型案例。笔者在这历时近两年的改革过程中多次赴S省调研，听取相关报告，对各处室工作人员进行多次访谈，对改革的进程进行了全面了解。本部分从“权力—职能”关系出发，对这一改革进行分析。

（一）权力客体：职能对象的覆盖

改革前，S省机关事务管理局为省人民政府直属机构，隶属省政府办公厅（副厅级建制），只负责政府的机关事务工作。2018年10月，根据S省机构改革的要求，将原S省人民政府机关事务管理局，以及省委办公厅、省人大常委会办公厅、省政协办公厅的接待职责、机关事务管理职责等进行整合，组建了S省直属机关事务管理局。由政府序列转入党委序列；机构由副厅级上升到正厅级；管理对象有了扩大，省“四大班子”办公厅的接待和机关事务管理职责全部交由管理局负责。2020年9月30日通过的《S省机关运行保障条例》（以下称《条例》）中又明确：“本省行政区域内党的机

关、人大常委会机关、行政机关、政协机关、监察机关、审判机关、检察机关，民主党派机关、工商联机关和人民团体机关，党政机关办事机构、派出机构和参照公务员法管理的事业单位的运行保障工作，适用本条例。工会的财产、经费和国家拨付给工会的不动产的使用和管理，按照相关法律规定执行。”《条例》的规定扩大了S省机关事务管理局的管理对象，覆盖了除“工会”外的所有“机关”部门。可见，改革前后，S省机关事务管理部门作为机关事务管理的权力主体，其管理的权力客体（职能对象）扩大了。

（二）权力边界：职能范围扩大

1. 权力的综合性：管理事务增多

改革前，S省机关事务管理部门仅有部分机关资产管理和服务管理的职能。资产管理方面，负责省直机关公务用车管理，部分单位的土地权属登记等事宜，办公用房、机关用地等均由各单位自行保障和管理。服务管理方面，改革前，机关事务管理部门仅负责省级公务接待以及1个省级干部公寓的服务保障工作。改革后，在原有的工作基础上，推进建立省直机关职工住房保障体系。《条例》中明确提出：“本条例所称机关运行保障，是指对机关运行所需经费、资产、服务、能源、资源等进行统筹、配置、管理、监督等行政活动。”机关资产包括办公用房、公务用车、不动产、省级干部住房保障、省直机关职工住房保障等方面，S省资产管理实现了这几方面的集中统一管理。服务的集中管理体现在打造十个集中办公区，并对集中办公区统一提供餐饮、会议、物业、安保、绿化等方面的服务。相应地，遵照事权决定财权和支出责任的原则，资产和服务产生的经费均划转至机关事务局，以此对经费进行统一使用。

2. 权力的深度：管理权限加深

资产管理方面，集中统一管理改革前，在办公用房管理上，省发改委和省事务局只负责办公用房的计划审批，办公用房建设的选址、规划、建设由各单位自行组织。长期以来由于办公用房由各部门、各单位分散规划建设，从而造成了建设标准不统一、部门之间差别较大、房产余缺难以调剂、建设和管理成本费用较高等问题，而且各单位从局部利益及部门利益出发，重复建设、超标准建设、超面积建设现象非常普遍，给国家造成了巨大损失。不动产管理方面，改革前不动产的物业管理由各厅局自行负责。规划建设、处置利用、维修改造等省级机关事务管理局主要负责审批、审核。

集中统一管理改革后，S省机关事务管理局对资产管理的权限包括规划建设、产权管理、调配管理、处置等。① 具体来说，在增加对一般公务用车的管理职能上，管理权限包括管理公务用车的编制、购置、配备、调剂和处置。各部门如果需要购置车辆，需要向省机关事务管理局申请，各单位的车要录入系统，由管理局对其进行监督管理；政府各部门只保留了公务用车的日常使用和维护。此外，省机关事务管理局还建设了公务用车管理平台，构建了全省统一的公务用车信息管理体系，实现了全省各级各类公务用车业务网上办理、车辆跨地区跨部门调动，提升了公务出行保障能力，并集中出

① 《S省机关运行保障条例》中明确："县级以上机关事务管理部门对本级机关设施的规划建设、权属用途、调配使用、处置利用等，实行集中统一管理。"

台了省级《党政机关公务用车管理办法实施细则》《党政机关公务用车使用管理规定》《公务用车跨地区跨部门调剂使用规定》等制度。办公用房的统一管理权限包括规划建设、权属登记、调配使用、处置利用、维修改造等内容，并从流程管理的角度对每一个步骤做了细化和明确。在规划设计上，通过办公用房资源整合，对省直机关重新进行了合理布局。每个集中办公区均按照机构职能模块化安排的原则，把职能相近、工作联系密切的单位放在一起，实现“集中单位办公、单位集中办公”。在统一权属登记中，明确机关事务管理部门为省直机关房屋所有权人和土地使用权人，所有应登记到省政府名下的省直机关房产土地，统一登记至管理局名下；在统一调配使用中，明确省机关事务管理局负责省直机关房产土地的统一调配使用工作；在统一维修中，明确党政机关办公用房维修包括日常维修和大中修，其中日常维修由使用单位负责，大中修由机关事务管理部门统筹安排。此外，还对各相关部门的职责做了明确的界定和区分，机关事务管理部门负责规划、权属、调剂、使用监管、处置、维修，发展和改革部门负责项目审批、建设标准制定以及投资安排，财政部门负责预算安排、指导开展资产管理，三个部门分工不同，职责明确。不动产管理中，根据相关规定，省直行政单位及参公事业单位不动产由省机关事务局进行集中统一管理，权限由改革前的审批扩大到统一规划建设、登记、调配使用、处置利用、维修改造和物业管理各方面。同时明确了与其他相关部门的职责分工。省机关事务管理局负责省直不动产集中统一管理工作，指导下级机关事务不动产集中统一管理工作；省纪检监察、发展和改革、财政、自然资源、住房和城乡建设部门按照职责分工做好相关工作，例如，纪检监察负责不动产集中统一管理过程中的纪律监督，发展和改革委负责新建不动产的立项审批，财政部负责不动产的账务管理，等等。对闲置资产的使用管理方面。2019 年 7 月 15 日，S 省委办公厅、省政府办公厅印发《关于开展机关事务集中统一管理专项试点实施方案》，首次提出 S 省管理局要在通用资产管理领域探索集中统一管理新路径，提高资产使用效率。2020 年 9 月 30 日，S 省人大常委会审议通过《S 省机关运行保障条例》，明确“县级以上机关事务管理部门可以根据当地实际，会同财政部门建立公物仓，对本级机关闲置、待处置、超标准配置和临时机构的资产实行统一管理，加强修复性使用和调剂共享”。2021 年 2 月 1 日，《行政事业性国有资产管理条例》印发，第十八条规定“县级以上人民政府及其有关部门应当建立健全国有资产共享共用机制，采取措施引导和鼓励国有资产共享共用，统筹规划有效推进国有资产共享共用工作”。两个条例为 S 省推进公物仓建设、健全资产共享共用机制进一步指明方向。2021 年 4 月 29 日，省委编办批准省管理局部分内设机构及相关职责调整，资产管理处增加职责“承担公物仓的建立和监督管理等工作”。2022 年 10 月 1 日起，省直机关通用资产处置审批工作由省财政厅移交至省管理局负责。同时，省管理局联合省财政厅修订《省级行政事业单位通用办公设备配置标准》，明确配置资产时，优先向省管理局申请调剂。此后，管理局增加了存量资产统一管理、调剂、维修和处置权限和职能。

经费管理方面。改革前，机关事务的管理权限在政府各部门，经费也由各部门掌握，在每年向财政部门申报的预算中体现。改革后，随着机关资产由机关事务管理局统一管理，按照“费随事走”的原则，经费统一划归机关事务管理局，尤其是集中办公区建好后，集中办公区的保障经费都划到了管理局，包括餐饮、物业、整个机关运转的费用。在对机关运行专项经费的管理上，制定了相应标准，出台了职工食堂管理制度、福利费管理制度，以及物业费、办公用房维修改造方面的支出定额标准，还修订了《机关财务管理办法》《大额资金使用管理办法》《固定资产管理办法》等相关规定，明确了资金拨付程序，严格规范了资金的使用和管理。并建立健全机关运行成本统计报告制度，以机关运行成本统计为抓手，加强绩效考核和内部控制。

服务管理方面。改革前，机关事务管理局只在两方面集中保障，一是省直机关集中办公区；二是公务接待。改革后，S 省通过完善后勤服务管理体制，整合组建一个中心、两个集团，进而统一了机关事务管理局对服务的管理权限。S 省机关事务管理局首先组建了省级机关后勤保障中心（以下简称保障中心）以及两个服务性质的集团。其次，界定机关后勤保障中心的政事企职责边界。省直属机关事务管理局的相关主要职责：制定全省机关运行保障制度、标准和集中统一管理事项指导目录，制订省直机关运行年度保障计划，核定机关运行保障需求，对纳入财政预算的省直机关购买后勤服务项目提出建议，对保障中心、QJ 集团和 HW 集团资金使用情况进行监督检查。保障中心的主要职责：协助省直属机关事务管理局统计省直机关后勤服务需求计划，开展后勤服务标准化研究，对集中

(分散) 办公区实行派驻保障；承担省直机关后勤服务、资产管理和工程建设方面技术性、专业性的辅助工作。两个集团具体提供物业管理、餐饮服务、汽车服务、资产运营、工程建设、职业培训(劳务派遣)、会议接待等，同时参与市场竞争。省直各部门结合省直机关后勤服务清单，提出购买后勤服务需求。这样，机关事务管理局通过企业化运作，将服务管理的权限明确为标准制定、服务项目类别制定、购买社会服务、服务监管，完成了服务的管理者而非具体提供者的角色转变。

第三节　界面结构与权责划分

如前文所述，职能式结构改革实现了政府运行保障的经济性和公平性，但并未直接提高保障效率和被保障部门的满意度。本节着重探究界面结构对政府运行保障效率性和效果性的影响。将界面组织内部权力配置方式作为中介，首先考察界面组织的权力配置，进而讨论界面结构的变化如何通过带动政府内部职能重组，提高整体治理效能。

一、界面组织与“流程式赋权”

(一)“流程式赋权”的基本内涵

“赋权”指政府组织内部权力配置方式。职能式组织结构中权力配置方式是“职能式赋权”，即依据管理事项的类别进行专业化分工，并设置相应机构和岗位，配备人力资源。“流程式赋权”与此相对应，即为打破部门职能边界，以“事”为中心，将“起点—节点—终点”的事件处理线路和过程作为组织内部权力配置依据。需要说明的是，此处的“流程”不只是秩序论中符合条件的特定身份主体先做什么后做什么、先去哪里后去哪里的“办事流程”的含义①，而是公共管理中“流程再造”理论的运用。一方面，强调通过设计流程达到部门协同、行政效率提升的目标。政府通过反思传统行政组织业务流程的弊端，“重新设计、撤销或改变人们所从事的工作，并变革职能部门和职能单位的组织结构”②。政府以流程为核心，跨越部门壁垒，打造高效运作的柔性化组织管理模式，促成信息流和业务流在水平和垂直方向上顺畅流动。另一方面，强调流程的起点是民众需求，这是流程设计的价值内涵。

故而，“流程式赋权”指政府组织按照“以民众需求为起点，以‘事’为中心”的原则找到事件处理的最优流程，将“起点（民众需求表达与综合）—节点—终点”的事件处理线路和过程作为内部权力配置的依据。

（二）流程式赋权的界面组织结构

按照行政学一般理论，政府体系组织内权责不清会导致组织结

---

① 孙志建．平台化运作的整体性政府：基于城市运行“一网统管”的个案研究［J］．政治学研究，2022（5）：39-48，152-153.

② 张楠迪扬，张子墨，丰雷．职能重组与业务流程再造视角下的政府部门协作：以我国“多规合一”改革为例［J］．公共管理学报，2022，19（2）：23-32，166.

构烦冗，治理效能低下。依据流程进行权力配置的界面组织通过找到最优流程，合理配置组织职能，最终倒逼政府组织的结构性调整，进而提升治理效能。

1. 寻找最优流程，配置界面职权

“界面”在政府治理中多体现为政府部门新成立的组织，组织的目的是一方面整合民众需求，另一方面整合政府相关职能，组织具有集成化特征。[①] 组织的流程化赋权又要求组织以事件处理的先后顺序配置权力。公共事件的处理流程一般为“民众需求表达→需求征集与综合→事件处理→反馈”。那么，界面组织运行的合理流程即“民众需求一体化征集与整合→对接职能部门将需求拆包与分包→按照民众需求将各职能部门的处理结果进行整合→反馈至民众”。文章将这一流程分为总体流程和具体流程，总体流程为“需求收集→整合→拆包、发包给职能部门”，对应界面组织的职能为服务对象利益表达和综合；服务对象需求拆包、分包至政府各职能部门。在结构上表现为“需求端（民众）—界面—处置端（政府职能部门）”。具体流程是对“处置端”的流程细化。界面组织也会参与到具体事务的处置中，需要在“处置端”细化哪些事务由界面组织负责，哪些事务由相应的职能部门负责。在职能设置时，按照流程设计将与此相关的同类事务从科层制职能部门中抽离，再整合至界面组织。界面组织在“处置端”的职能为政策末端的执行和具体事务的现场管理。

① 刘杰．寻找部门合成的“最大公约数”：政府机构改革中的集成逻辑研究［J］．政治学研究，2023（1）：109-121，159-160.

综上，作为集成化与流程化的复合体，界面组织从民众需求出发，按照“民众需求一体化征集与整合→对接职能部门将需求拆包与分包→按照民众需求将各职能部门的处理结果进行整合→反馈至民众”的事件流程确定组织任务，配置包括需求征集与整合机构（负责整体需求的征集与打包、给相关职能部门分包）、具体事务的现场解决和监督等职能，设置相应的内设机构，最后安排相应的人力、物力、财力和信息等资源。

2. 划分政府权责，倒逼体制改革

流程式赋权的界面组织一方面在总体流程上打破了传统职能分工“串联”模式，实现了需求端的高度集成整合，具有将多个政府职能部门“并联”和简化的功能。也就是说，在组织内部，界面组织与职能式结构并不是对立的，而是一种互补关系。另一方面，界面结构也倒逼政府组织体系内的结构性调整。界面重构后的政府组织的权责划分原则为界面组织负责综合性和现场即可解决的事务（政策执行），作为事件处理的“前台”；各职能部门专注于专业事务的处理（如政策制定、专业审批和监督）。如此，将管理对象的规律性和服务对象的需求和反馈统一起来，形成闭环，即最大程度地将需求的整体主义、运作的平台主义以及行动的专业主义有机结合起来。[1] 界面与政府各职能部门作为综合部门和专业部门各司其职，更好地划分权责，在整个政府体系内发挥各自功能，进而促进整体效能提升。

---

① 孙志建. 平台化运作的整体性政府：基于城市运行“一网统管”的个案研究［J］. 2022（5）：39-48，152-153.

（三）虚拟界面的流程式赋权及其对实体界面的补充

若出现治理规模过大、治理任务繁重等情况，界面组织就会以增设机构和编制、吸纳非政府组织等方式进行行政扩张，一定程度上导致界面扩张和界面组织科层化，进而制约政府内部组织结构的精简与优化，抑制政府治理效能的提升。

以数字化为基础搭建的虚拟界面即数字化平台可作为实体界面的补充。数字化平台有两个关键特征，即模块化和开放性。模块化是指系统组件分离后再重新组合为不同配置，同时保证其功能完整性的能力。[①] 统一的数据库、算法库、规则库等都可视为模块化的表现形式。其中，统一的数据库用于存储包括人口、地理位置、电子证照等全部数据；统一的算法库指后台大数据分析和人工智能决策的算法，如民众需求意向预测、部门选择预测、事项关联度、信息自动校对等算法模型。这些模型使得数字化平台的自动化成为可能。而统一规则库（流程）即所研究的组织流程的管理规则和政府部门的权责规则，包括描述每个服务办理过程的事项流程规则库，它们为平台的标准化运行提供一致的逻辑准则。[②] 这些模块可在政府部门间共用，遵循的是标准化和集中管理思维。开放性指虚拟界面可为分散在不同工作地点的使用者提供一个不受时空限制的共享网络，不同层级的政府管理者以及使用者可一定程度共享信息，并随时加

① SCHILLING M A. Toward a General Modular Systems Theory and Its Application to Interfirm Product Modularity [J]. The Academy of Management Review, 2000, 25 (2): 312-334.

② 孟庆国，鞠京芮．人工智能支撑的平台型政府：技术框架与实践路径［J］．电子政务，2021（9）：37-46.

入或退出平台，遵循参与式的治理思维。

虚拟界面对实体界面的补充机制就在于将流程和流程式赋权后形成的管理过程中各部门权责关系在数字平台上进行标准化分解，使之精简化和自动化，作为平台的规则库，此前需要行政人员通过台账等方式执行的程序、部门间沟通的信息可通过数字化实现。若按照流程再造的两个阶段进行划分，总流程中需求的征集和整合可在虚拟界面上实现，虚拟界面收集需求，并将需求“发包”至各职能机构，实体界面无须再承担这一职能。具体流程中数字化平台继续将“处置端”中部分流程所规定的职能“线上化”，最终驱动体系内界面组织与政府职能部门间权责关系的再次调整，减少政府在部门沟通和信息传递过程中的时间和成本，提高政府治理效能。

二、政府运行保障的实体界面结构与权责划分

上文已提及，政府运行保障管理中，机关事务管理部门是政府运行所需物质资源的供给方，是依据保障事项进行分工的职能式组织；政府各部门是需求方，界面衔接供给方与需求方，致力于以需求方为中心，为需求方提供“一体化”保障。本部分以Z省机关事务体制改革为案例，着重考察Z省机关事务管理局（以下简称管理局）在集中办公区搭建界面组织（派驻机构）进行管理的过程。通过对管理局各职能机构、派驻机构、被保障部门的公职人员进行深度访谈，同时结合相关改革文件、领导讲话、工作简报等二手资料，

具体分析在政府运行保障管理中界面结构流程式的权力配置方式是如何倒逼政府运行保障体系调整权责划分、带动体系变革，最终提升保障效能的。

（一）基本背景

2018 年，Z 省政府运行保障进行了集中统一管理改革，改革调整了机关事务管理局的部门性质，由此前的政府序列转入党委序列；级别也由副厅级升为正厅级。扩大了保障范围，由原来只保障政府部门扩大到省级党委、政府、人大、政协“四大班子”。增加了管理局的管理事务和权限。改革前，管理局仅有部分政府部门资产管理和服务管理的职能。资产管理方面，只负责省直机关公务用车管理，部分单位的土地权属登记等事宜，办公用房、机关用地等均由各单位自行保障和管理。服务管理方面，仅负责省级公务接待以及 1 个省级干部公寓的服务保障工作。改革后，管理局保障事项包括办公用房、公务用车、机关用地等资产的统筹管理。其中，需集中保障两个集中办公区内多个政府部门，意味着这两个集中办公区内的所有部门不再设后勤管理岗，所有事务由管理局统一负责，不仅包括资产的统一规划建设、产权管理、配置、处置等，还包括后勤服务诸如物业管理、餐饮服务、汽车服务、资产运营、工程建设、职业培训（劳务派遣）、会议接待等的统一提供。按照职能分工，改革后的管理局下设计划财务处、房地产管理处、基本建设规划与管理处、车辆管理与安全保卫处、行政中心餐务管理处等内设机构，分别负责机关运行保障所需的经费、办公用房、公务用车、后勤服务等事务的保障。政府各部门资产和服务的需求需向上述部门分别申请，即一个政府部门在政府运行保障资源获取方面要对应机关事务管理部门的多个职能机构。针对不设后勤管理岗的集中办公区内的政府各部门，如何推进服务与保障的统一受理，设置“一站式”服务平台、“一条龙”服务流程，使得保障对象只需要一个联系人、一个网络即可实现事务的办理？针对分散办公区的各部门，如何简化行政流程，最大限度地减少其人力资源，最大化方便机关事务的运行，让政府各部门体会“最多跑一次”的便捷服务？这是后集中管理时期，Z 省机关事务管理局面临的最大挑战。面对这一挑战，Z 省管理局改革的思路是，第一阶段：在两个集中办公区分别建立“一对多”的派驻机构。组织关系上，派驻组织隶属于机关事务管理局，但又区别于管理局正式的内设机构，不拥有行政部门的执法权限，只是承担部分事务的授权职能。具体来说，集中办公区 1 号院的派驻机构为管理局下属正处级的处室行政中心管理处，负责协调、管理 1 号院内的机关事务工作。集中办公区 2 号院的派驻机构为管理局下属的全额保障事业单位行政餐饮管理中心。第二阶段：在 2019 年引入技术手段，搭建数字化平台，通过新建或对已有系统改造接入的方式，将机关事务保障、服务和管理相关的业务信息系统，按照统一的应用接入标准接入数字平台。重新配置行政资源，尤其是解决若干分散办公的政府部门集中保障的问题。

（二）流程再造与派驻组织的职权配置

政府运行保障管理是主管部门（各级政府机关事务管理部门）

作为国家与政府部门间的媒介，对经费、资产、能源以及服务等各种资源与利益在党政机关各部门之间进行调整与分配的过程。[①] 故而可将政府运行保障的管理流程模型化为“需求征集→资源的获取→资源的分配（再分配）→分配后对资源使用情况的监管”。

首先，围绕“需求端—界面—处置端”的总流程设计，Z省管理局将政府运行保障中界面治理的总流程概括为“需求征集—界面整合—资源统筹供给”，据此为两个集中办公区的派驻机构配置相应职权。以集中办公区1号院行政中心管理处为例，行政中心管理处负责集中办公区1号院中各政府机关政府运行保障中的需求征集，具体包括统计政府各部门需求、制订整体配置计划。这里的“需求”又包括四类：资产配置需求、资产维修需求、资产处置需求和后勤服务的种类需求和意见，这里的资产主要涉及办公用房和公务用车。行政中心管理处首先需在集中办公区政府各部门的配合下完成上述需求计划的统计和意见征集工作，再按照《Z省党政机关办公用房管理实施办法》《Z省党政机关公务用车管理实施办法》，以及《办公用房大中修项目及经费管理暂行办法》《办公用房日常维修标准》等制度标准对各部门计划进行逐一审核，并按照保障事项重新打包，向管理局各职能部门报批，即将办公用房的配置和处置需求上报房地产管理处，维修需求上报基本建设规划与管理处；公务用车的配置和处置需求上报车辆管理与安全保卫处；后勤服务需求上报行政中心餐务管理处。此前这些事务都是由政府各部门各自联系管理局

① 湛中乐．机关运行保障的立法逻辑［J］．中国法学，2020（1）：49-66.

的各职能机构，每年不同需求的上报时间又不统一，无形中增加了政府各部门的行政负担。界面改革后，由派驻组织承担需求征集、整理、审核等前端工作，同时为政府各部门和管理局职能机构“减负”。

其次，对“处置端”进行流程细化，派驻机构负责集中办公区内全部保障事项的统筹协调和监管。在派驻机构与职能部门对接获得资产和服务资源后，再将职能部门配置的资产按照被保障各部门的需求重新“打包”、分类，在各部门内部配置，并“以被保障部门的评价作为流程终点”①，以此与总流程对接。以 A 集中办公区公务用车的配置为例，车辆管理与安全保卫处将 A 办公区内公务用车全部下发至行政中心管理处，由行政中心管理处分配给每个政府部门，并对各部门核定标准内的资产进行使用指导。若涉及资产的处置，则由行政中心管理处配合管理局职能部门做好处置工作。同时，行政中心管理处还负责集中办公区内后勤事务的现场管理，如联合维修团队组织实施集中办公区的大中修项目、资产的日常检查和维修。具体来说，在资产的维修环节，Z 省管理局将通过社会化购买的维修团队下沉至集中办公区，各部门办公用房的维修、公务用车的维护保养、通用办公设备家具的维修等均由行政中心管理处负责需求的受理，最终也由行政中心管理处对各种服务进行质量监管和绩效考核。此外，集中办公区的绿化和安保等工作也均由行政中心管理处负责管理，并对社会化的物业服务团队进行服务质量监管。

① 孙志建．平台化运作的整体性政府：基于城市运行“一网统管”的个案研究［J］．政治学研究，2022（5）：39-48，152-153.

餐饮服务方面，Z省管理局将通过市场化外包的餐饮团队下沉至两个集中办公区，由两个派驻组织负责培训和管理，为集中办公区内各政府部门统一提供餐饮服务。

最后，将总流程和具体流程叠加，梳理派驻组织在政府运行保障中负责的事项为整体需求（资产配置需求、资产维修需求、资产处置需求、后勤服务意见）征集→审核各部门计划→整合并分类上报管理局各职能机构→资产分包与部门内部配置与使用监管、物业维修的现场管理、餐饮等其他服务的提供。依据管理流程为派驻组织赋权，将其打造成流程型组织（如图3-2所示）。

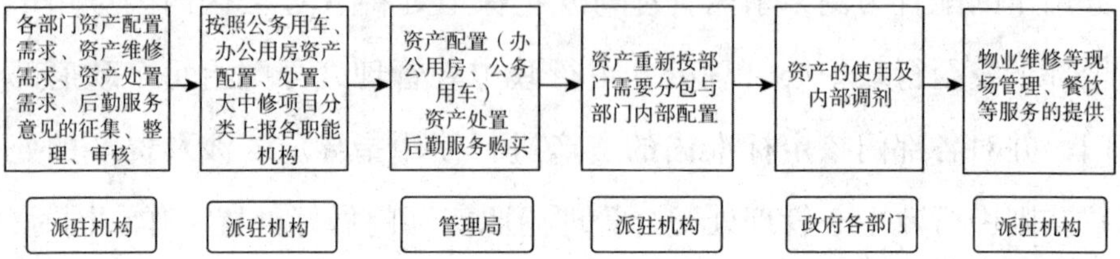

图3-2 实体界面的流程式赋权

（三）政府运行保障体系的权责调整与结构变革

界面重构，即派驻组织的职能设置带动了政府运行保障体系中各政府主体的权责划分，使体系内权责更加清晰。界面治理中的政府运行保障体系涉及三方关系：机关事务管理部门各职能机构、派驻组织、被保障的政府各部门。在依据流程对界面进行赋权、设置界面组织职能和岗位后，对政府整体权责关系进行调整。首先，依据总体流程确定派驻组织与被保障部门的关系，后者只需负责资产的内部使用和管理，具体包括配合派驻组织申报办公用房的配置、处置和维修需求；办公用房的部门内部调剂；公务用车的车辆权属登记；车辆使用管理；通用办公设备家具的配置与处置计划申报及内部分配和使用管理，以及所有资产台账的记录。其次，依据具体流程，即“处置端”为政府运行保障过程建立具体管理事项的内向闭环，划分体系内部条线上的职能部门与派驻组织的权责关系。即机关事务管理局负责统一保障事项，细化保障标准。机关事务管理局各职能部门负责各类资产的权属登记、资产配置和处置的审批工作、后勤服务项目的购买与合同管理，以及相关经费的管理，是保障体系运转的“后台”。集中办公区内的派驻组织除负责部门被保障需求对接外，在具体流程中还负责对需求进行打包、分包、审核，以及具体后勤事务性工作的现场管理，是保障体系的“前台”。最后，权责清晰使得体系内各部门间有效协作，迅速地满足服务对象的需求和满意度，提高保障效率，从而提高整体保障效能。图 3-3 与图 3-4 清晰地展现了实体界面重组前后政府运行保障体系内权责划分的变化。

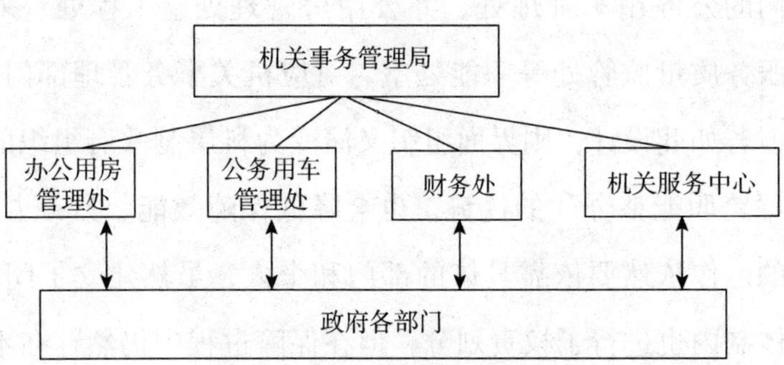

图 3-3　界面重构前体系内权责划分

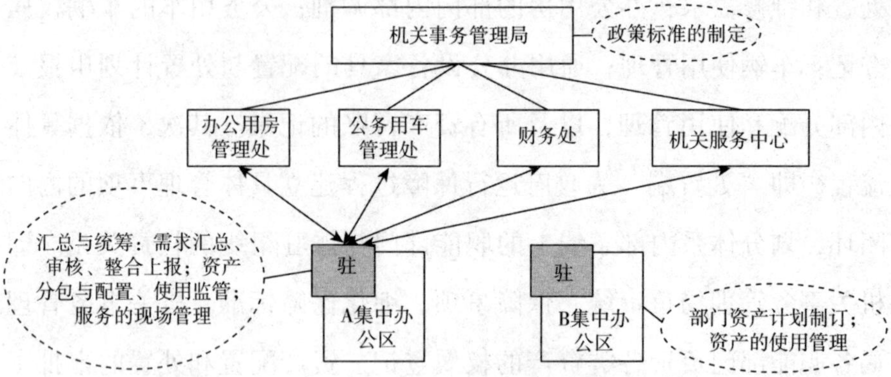

图 3-4 界面重构后体系内权责划分

三、政府运行保障虚拟界面结构及其与实体界面的联结

政府运行保障管理中，一方面，权力和资源的下沉导致机关事务管理部门将更多的事权和责任下推至实体界面（派驻组织），进而导致派驻机构的行政扩张，派驻组织开始向行政组织发展，寻求内设机构和编制的扩张。例如，将派驻机构现有后方办内的专业岗扩充为专门的公务用车管理处、办公用房管理处、工程处、采购处、专门的服务质量监管处等职能处室、对应机关事务管理部门的职能处室，但若如此设计，则界面组织又演变为科层制政府组织的延伸，失去了“跨职能整合”的优势，也会降低保障效能。另一方面，实体界面的运作依然要依靠具体的部门和个人，虽然建立了闭环管理模式，体制内也进行了权责划分，但在保障过程中仍然存在不规范、使用水平较低的问题。以资产管理为例，机关事务管理部门作为资产的保障方存在资产转入不及时、捐赠资产计入不准确、报废资产

处理不清晰、转移资产账务处理不到位等问题；各部门也存在部门资产台账记录滞后等问题。同时，资产管理系统与其他系统之间相对割裂，在开展年度、季度报表工作时可能重复统计，无法确保资产数据的准确性。

为避免上述情况，Z省管理局于2019年起开始建设数字化平台“机关事务云”，平台提供登录入口统一办公界面环境，将过去各业务系统办理事项、消息提醒都统一到一个平台，并增加日程、业务动态、通知公告等功能，给政府各部门呈现统一办公界面环境，便于管理者开展业务审批。“机关事务云”平台包括一个机关事务基础数据库和六个业务应用系统。其中，基础数据库内的信息包括服务保障对象人员、部门，重要资产的房产和公务用车，等等。同时，系统数据可以实时更新，应用此系统形成的新的数据又进入数据库，以供后台进行分析。六个业务应用系统包括公务用车信息平台，覆盖了全市的机关公务用车集约化管理系统，实现智能化的公车管理功能。主要功能包括车辆调度、财务、安全、人事、油量和GPS监控。系统包括手机端APP和电脑管理端。这一系统建成机关公务用车“一张网”智能调度，实现了N市全市10个区（县、市）车辆的互联互通，最大程度地提高了车辆的利用率。办公用房信息平台，提供覆盖全市的办公用房智能图形管理系统。提供智能化的数据统计，可以根据需要提取不同报表。具备使用调配、权属、日常维修、应急维修、处置、物业、巡检、建设项目八大功能模块，并通过开展房屋调查统计、办公用房巡检、办公用房大中修等工作，基本掌握翔实、准确的基础数据。智慧后勤平台，包括“机关事务通”

APP 和后台管理平台，为机关干部提供大院内服务功能，为机关后勤管理部门提供管理功能，提升机关事务管理局的服务和管理成效。有访客进入和车辆进入登记、食堂点餐、网上商城、车辆维保、通勤查询、设施巡检、发布通知、交流互动等板块。此外，还包括节能系统、安防系统和办公系统的信息化平台。智能安防在访客管理上实现了风险感知、报警联动、处置联控，与公安机关建立了针对管控类和关注类访客的处置联动工作机制，在时间空间上向外拓展机关安全防线，提升防范恐怖袭击和治安管理的预测、预警、预防、预控能力。办公系统的信息化平台以数字化服务重新定义内保业务流程，改善内保服务水平，内保工作从事中控制、事后处置，转向事前预判和提前防范。

本部分将这一数字化平台视为虚拟界面，虚拟界面将业务流程、权责清单与信息技术、人工智能相结合，为政府各组织、各部门之间的业务流转提供可靠依据，通过将部分职能“线上化”为实体界面即派驻组织减负，进而重新调整体系内派驻组织、管理局各职能部门和被保障部门的关系，以期进一步提高保障效能。

（一）流程“在线化”与实体界面部分权力的“隐身”

Z 省管理局采用了“机关事务云”这一平台后，在“被保障部门需求和资源征集→资源统筹供给→资源使用情况监管”的总流程中，被保障部门对资产配置、维修，处置需求的统计、申报，对后勤服务事项的意见表达，以及机关事务管理部门对各部门资产使用情况的监管、对政府各部门服务意见的反馈等，均通过这一平台实时完成。

总体流程中，政府各部门将每年的资产配置、维修和处置需求均通过数字平台直接上报给各个职能部门。例如，各部门将每年办公用房的新增需求和维修需求直接录入数字化平台，由平台派发给办公用房管理处；公务用车也是同理，各部门每年的用车需求可直接通过平台派发至公务用车管理处，再无须派驻组织的打包与分包。服务需求方面，平台可对来自各部门及其公职人员以语音或文字等方式提出的服务请求进行分析，统一集中至集中办公区内的派驻组织，由派驻组织进行反馈。

具体流程中，数字化平台继续将“处置端”中部分流程所规定的职能“线上化”。一是资产的配置和处置的平台化管理。在资产配置和处置环节，被保障部门登录数字化平台，填写部门的资产配置和处置计划，管理局房地产管理处、基本建设规划与管理处、车辆管理与安全保卫处可在平台上直接审核，再反馈给各部门，无须再经过派驻机构。二是资产维修的数字化管理。数字化建设之前的公务用车维修由政府各部门自己负责，各单位维修车辆耗时又耗经费；搭建数字化平台后，管理局下设的车辆维保中心开创了线上线下相结合、非接触式的车辆维修保养服务，包括“定点保险、定点维修、定点加油、定点租赁”，线上平台经过公开招标建立车辆运维商家库和租赁库，使用单位可选择入库维修商和供货商提供租赁服务。政府各部门的干部职工在线上选择服务内容、填报车辆位置，并将车辆钥匙放在指定钥匙箱；下属的维修服务部门选派专人取车、完成服务后将车辆停放在指定位置。也就是说，在资产保障方面，各单位可通过平台直接与机关事务管理局对接，派驻组织在集中办公区的资产管理职能被数字化平台替代。三是后勤服务保障的数字化。行政中心餐务管理处与采购中心合作，搭建了后勤服务供应商信息平台，汇总和整合物业、餐饮、会议服务等社会资源，将供应商信息、时间期限、价格等在数字平台上展现，管理局审核平台企业的资质，设置服务质量标准，并定期对其进行监管。如此，集中办公区的派驻机构就可直接在平台上购买服务，并负责后勤服务的现场管理、服务人员培训和服务质量监管等事务性工作，即由数字化平台代替派驻机构实现了机关事务的“一站式保障”（如图 3-5 所示）。

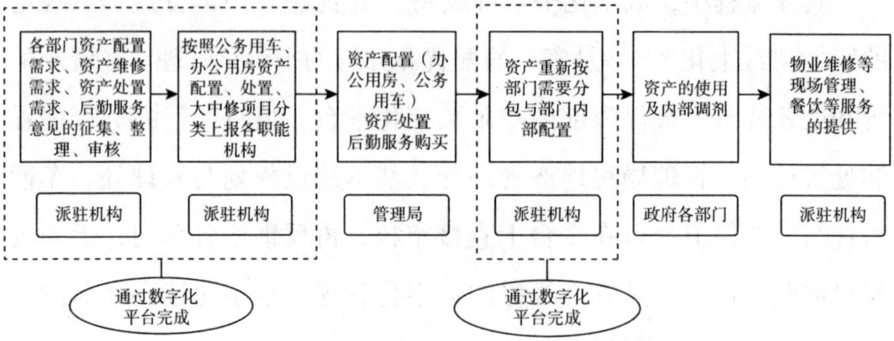

图 3-5　虚拟界面的流程与权责调整

（二）数字化平台调整政府运行保障体制内权责划分

采用了数字化平台后，政府各部门在资产配置、维修、处置方面都可通过平台直接与管理局各职能部门对接，各职能部门通过平台也可对资产的上述事项要求进行审批，并能纵览政府各部门的资产使用情况，资产管理实现了“线上化”，派驻组织部分权力“隐身”。集中办公区的派驻组织目前只需专注于集中办公区后勤服务的现场管理和被保障部门的意见征集。管理局负责各类资产管理以及后勤服务的购买和供应商信息平台的搭建。被保障部门负责制订本部门资产配置计划、资产内部调剂和使用管理（如图 3-6 所示）。

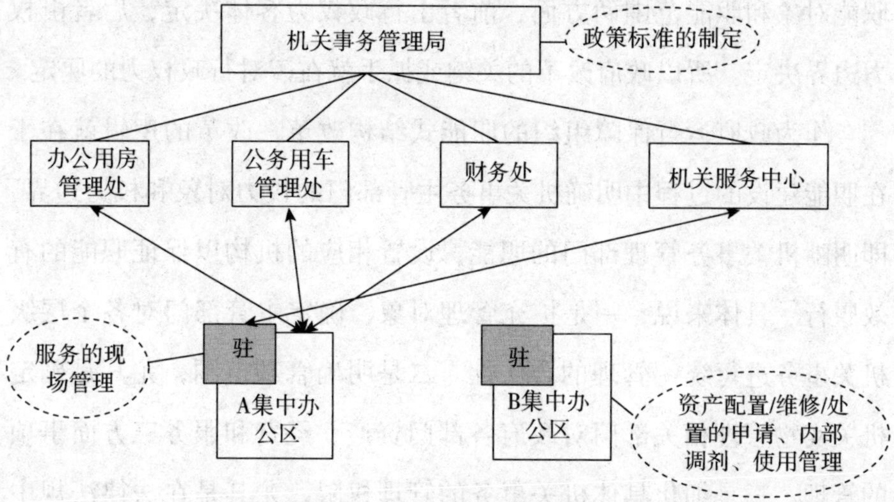

图 3-6 虚拟界面与体系内权责划分

综上，一方面，数字化平台这一虚拟界面一定程度上替代了“派驻组织”这一实体界面，使其部分职能“隐身”，精简了人员，压缩了机构规模；另一方面，也刺激政府运行保障体系再次调整和优化内部关系结构，进而压缩公共服务成本和时间，提高保障效能。

本章小结

自现代政府诞生以来，行政职能转变这一主题随着政府改革的不断推进而成为政治学和公共管理学的核心议题。一般来讲，政府改革就是对政府的行政理念、行政职能、行政权力、行政管理方式等重新做出定义，进而实现制度创新的过程。[①] 政府职能的构成包括职能对象和职能范围两方面，前者由行政权力客体决定，后者由权力边界决定。所以政府改革的关键或抓手就在于对行政权力的厘定。

作为政府运行保障组织的职能式结构改革，改革的逻辑就在于在职能建设的过程中明确机关事务主管部门的权力对象和权力边界，即明晰机关事务管理部门的职能，设置相应的机构以保证职能的有效履行。具体来说，一是扩充管理对象，确定主管部门对各个层级机关事务进行统一管理的合法性。二是明确管理范围，尤其是确定机关实物管理相关部门对政府各部门资产、经费和服务三方面事项的管理。三是细化具体机关事务的管理权限，尤其是在法律法规中明确每个事项的管理权限，明确哪些权限属于机关事务管理部门，哪些权限保留于政府部门自身，即确定集中统一管理的边界。以资产管理为例，从资产权属（编制管理）到配置、处置、日常使用、维修这一生命历程每一环节，根据政府各部门需求，划定机关事务管理部门与政府部门的管理边界。

在职能式结构模式确立后，机关事务管理部门要保障多个政府部门作为机关资产和服务的供给方，如何简化保障流程，提高保障效率，这是后集中统一管理时期体制变革的核心问题。部分省市引入界面治理思路，通过在不同办公区搭建组织平台，即派驻组织，

① 张国庆．公共行政学［M］．北京：北京大学出版社，2017：67.

后又发展数字化平台，为各部门提供“一站式”服务。界面组织的流程式赋权分为两个层面，总体层面为“需求端—界面—处置端”结构模型，“需求端”对接政府各部门（块）；“处置端”对接机关事务管理部门各职能机构（条）。具体层面上从政府运行保障的基本流程出发，细分“处置端”。将二者合一，界面组织在政府运行保障中负责的全部环节即“整体需求（资产需求、维修需求、处置需求）征集→各类资产的配置计划（分别上报各职能单位）→整体资产配置（分别下发各部门）→维修的现场管理→资产使用监管”，这也是实体界面组织的权责清单。界面组织的结构确定后，再划分体系内政府各部门、界面组织与机关事务管理部门间的权责关系。将被保障部门和条线部门的各项职权以详细任务规则的形式罗列出来，让各方都有清晰的“任务角色”，在发现问题、实施行政管理、对接流程、结案闭环时能够有据可依。政府各部门作为被保障部门只需负责资产的使用管理和内部配置，使其以最少的投入获取物质资源，从机关事务中解脱出来，专司处理其政务工作；机关事务管理部门各职能机构更多负责制定政策标准，以及资产的集中（大批量）配置、处置，后勤服务的购买等专业性事务；其他的诸如需求征集与统合、资产审核、服务的现场管理等综合性事务由界面组织负责。界面组织与科层制的政府职能部门衔接流程、划分权责，进而提高保障效能。随着数字化的发展，机关事务管理部门建立了数字化平台，虚拟界面可将实体界面部分职能数字化，解决实体界面行政扩张的问题，进一步提高保障效能。

未来政府运行保障管理体制的发展，可继续从以下三个角度探索界面治理理论与实践。

一是利用实体界面和虚拟界面相结合的方式，扩大机关事务管理局的保障范围。可将政府各部门的保障分为“强管理”“中管理”“弱管理”三种模式。采取“强管理”模式的部门延续在集中办公区设立派驻机构的实体界面模式；采取“中管理”模式的部门可不设派驻机构，被保障部门依然自行保障，但可使用“机关事务数字化平台”即虚拟界面，在平台上申请资产、购买服务等；“弱管理”模式各部门在国家相关制度和标准框架内自行开展保障工作。

二是挖掘界面组织“需求管理”职能，提高服务对象的参与度。目前的政府运行保障主要侧重于自上而下的管理，对自下而上政府需求的征集、整合与反馈不足。可借助各集中办公区实体界面组织这一“支点”，加强政府各部门与机关事务管理部门的沟通。政府运行保障管理本身是一个对象性的行政行为，机关事务管理部门作为政府所需物质保障的组织方，与需求方的政府各部门必然存在供需矛盾，界面组织利用其“内嵌”于集中办公区、经常与政府各部门沟通，更加了解政府需求的优势，进行信息收集，为机关事务领域政策制定中议程设置提供参考。同时，虚拟界面在设计过程中也能够提高保障对象的参与度。数字化平台在建设初期通常采用集权式的构建模式，如保障流程和权责清单的梳理是在机关事务管理部门的主导下完成的。因缺乏对政府各部门需求的准确掌握，这些设计往往更重视规范性而非实用性。因此，虚拟界面在后续发展中可加强政府各部门的参与，尤其是重视各部门及其公职人员的期望，发挥各部门在服务保障体验方面的作用。

三是重视界面组织人力资源的配置。一是实体界面人力资源配置的通用性。与职能式组织在人力资源上强调专业知识和技能不同，界面组织更注重人力资源的通用知识和沟通能力。二是将虚拟界面的人工智能与实体界面的人力资源相结合。目前的数字化平台采用了人工智能，如资产和服务事项职能派发功能、服务反馈中的聊天机器人等。在应用这类人工智能的同时，也要保持人工服务通道的畅通，让人工智能服务于政府公职人员。

第四章

政府运行保障体系组织边界结构变革

任何组织都是有边界的，一般从组织权力与责任的视角界定政府组织的边界，这也是上一章讨论的内容。若政府组织实现某种交易成本过高，人们就会通过市场来达到目的，用市场来完成交易。随着政府组织的这类“跨界”活动的增多，组织边界逐渐变得模糊。政府组织将部分事务“外在化”，这部分外在化的事务与政府之间就从组织内部科层制关系转化为组织间市场关系。当越来越多的管理活动发生在政府与其他非政府组织的边界上，就形成了组织边界结构。上文已提及，这种结构是体制化的政府结构与复杂社会系统间的沟通和接口。

在政府运行保障领域也存在组织边界结构。上文已提及，1983年6月，中央书记处第70次会议在听取中央和国家机关机构改革小组汇报时，首次提出将后勤服务分离并通过社会化逐步解决的思路，“后勤服务同机关工作分开；打破部门界限，按地区联合；逐步过渡到社会化”。1989年3月，《关于中央国家机关后勤体制改革的意见》（国机中编〔1989〕7号）进一步提出将机关事务工作分解为管理职能和服务职能。原来后勤服务在政府组织内部，组织内部存在协调成本，但是没有合同关系下了解合同信息、调整合同计划这类交易成本；而后勤服务社会化改革实际上就是把后勤服务的一些项目从组织内部转移到组织外部，这时内部的协调成本就会降低，但可能因此会增加很多其他成本，如制定合同的成本、采取防范措施（制定相关制度）的成本。本部分所讨论的内容就是政府运行保障体系组织边界结构和对边界结构的治理，尤其是在后勤服务社会化过程中如何处理政府与市场主体间关系。

第一节 后勤服务社会化、体制改革与组织结构优化

一、服务社会化：从组织内部关系到组织与市场的合同关系

我国政府的后勤服务部门最开始属于行政序列，后勤服务人员为行政编制。随着改革开放和社会主义市场经济的不断探索，服务作为一种商品的观点逐渐为人们所接受。在这样一种理念基础上，围绕经济发展为中心的前提，如何引入市场机制和相应的经济手段，如何将机关事务工作从以往的观念、模式中解放出来，去打破以封闭式的行政手段为主的自我管理、福利性消费、平均主义的机关工作等原则，成为对机关后勤工作提出的新要求。变革就始于后勤服务的社会化改革。

后勤服务进入市场，需要对原先的后勤服务形式进行改革。这

一改革是从后勤服务企业化开始的。1989 年，《关于中央国家机关后勤体制改革的意见》（以下简称《意见》）在国家机构编制委员会会议上讨论通过，该《意见》主要有三个突破点：一是提出后勤服务人员编制与行政编制分离；二是从管理职能和服务职能来重新规划机关后勤服务；三是确定机关后勤能够对社会提供服务，实行承包经营责任制。改革的最终目标是实现机关后勤服务社会化。简要说，后勤服务企业化就是机关后勤服务脱离行政序列，使机关后勤服务单位逐步实现自主经营、自负盈亏、自我发展和自我约束的服务经营实体的发展过程，同时也是与社会服务业相互融合的过程。①其中就涉及脱离了行政序列的后勤服务组织如何与政府衔接的问题。1990—1991 年间，国家机关事务管理局相继颁发了相关配套文件，包括《行政后勤服务费预算管理暂行办法》《附属自收自支单位财务管理办法》《中央国家机关食堂管理办法（试行）》等文件，从后勤各部门的管理改革、财务改革等各方面进行规范。1993 年，中共中央在《关于党政机关改革方案的实施意见》中，明确提出了党政机关后勤体制改革的基本构想。随后国管局与中编办联合印发了《国务院各部门后勤机构改革实施意见》，并声明后勤服务社会化改革不能单纯视为国家机关开办公司的改革，对于机关后勤部门脱离行政序列的后续问题解决、职能扩张均做出了规定，并要求按照“企业化管理、商品化服务、市场化经营”的理念开始改革。结算制度是后勤社会化改革中的重要一步。伴随着预算制度改革，

---

① 王元慎．机关后勤改革 30 年的历史回顾［J］．中国机关后勤，2009（1）：36-41.

1998 年，国管局和中编办出台《关于深化国务院各部门机关后勤体制改革的意见》，其中提出建立和完善结算制度，加强资产和财务管理，推进后勤单位自负盈亏。原属于各部门“预算外”收入的后勤服务中心盈利的部分，全部纳入预算管理。此后，后勤服务逐步从企业化向社会化过渡，即公开后勤服务市场、公开机关后勤服务项目，不管是原内部机构还是社会企业均能够自由参与机关后勤服务市场的竞争。

机关后勤社会化改革从中央政策层面正式引入社会力量始于 2012 年。2012 年，《机关事务管理条例》颁布实施，对后勤服务社会化改革进行了详尽部署。同年政府购买公共服务政策进入国家层面。2012 年 7 月，国务院印发《国家基本公共服务体系“十二五”规划》（国发〔2012〕29 号），明确了政府采购基本公共服务的概念、范围、标准和工作重点。2013 年 9 月，国务院办公厅印发《关于政府向社会力量购买服务的指导意见》（国办发〔2013〕96 号），要求规范有序开展政府向社会力量购买服务工作。此后，机关后勤服务在向社会购买服务、推进服务外包方面做出了大量尝试和推进。通过改革，机关服务中心只具备后勤管理的功能，不再自办经营服务，逐步定性为机关直属公益类事业单位，不涉密的后勤服务均进入市场，向社会中的企业购买。后勤服务企业被推进市场后，与原本存在的社会服务企业进行直接竞争，或在市场发展十分成熟的服务工种中直接撤销该后勤部门，直接对外进行招标承包，譬如物业、餐饮等服务项目基本普遍实现了外包，达到了高社会化的要求。随着后勤服务社会化改革的进一步成熟，服务外包和后勤服务企业成为根据服务项目和类别不同而采取的两种不同模式，托儿所、医疗保健、基建等后勤服务项目往往进行企业化改革，成立后勤服务企业（或集团），而餐饮、食堂等偏支持保障型的后勤项目倾向于进行服务外包。总结来说，就是“三步走”改革路径。第一步，将后勤服务部门从机关行政序列中划出，改为事业单位，使用事业编制，列支机关事业经费，与机关行政序列脱钩。后勤服务以本部门为主，与机关建立经济核算关系，实行多种形式的承包经营责任制，独立核算。第二步，经过过渡，服务机构在保障机关服务的前提下，有条件的可实行定额补贴，对机关进行有偿服务。第三步，各部门的经营服务实体打破部门分割，进行区域性联合，逐步实现机关后勤服务的社会化，有条件的可自收自支实行企业化管理。

机关事务中心成立和定性后，政府运行保障体系的组织边界结构变成了如何处理政府与市场的关系，这个问题也可以转化为机关服务中心对提供服务的企业进行管理的问题。理论上，包括四方面内容。一是明确机关服务中心的性质、权责和体制。机关服务中心是为适应建立社会主义市场经济体制和政府机构改革的要求，以机关后勤服务社会化为方向组建的机关直属事业单位，作为机关组成部分的地位不变，主要任务是为机关工作服务、为机关职工生活服务、为国家经济建设服务，充分利用机关授权经营管理的资产，开展多种经营，发展第三产业，提高资产效用，增强后勤保障能力。同时以后勤服务社会化为方向，引入企业经营管理机制，深化内部改革，逐步实现自收自支和企业化管理（自己发展成企业）。机关服务中心享有服务经营自主权、产品服务定价权、资产使用经营权、留用资金支配权、内部机构设置权、人事管理和劳动用工权、工资奖金分配权等自主权，并承担相应的义务和责任。机关服务中心实行主任负责制，主任、副主任由机关任命。按照“小机构、大服务”思路，中心内部组织机构划分为职能部门、服务单位（非独立核算）和经济实体（独立法人），并提出有条件的可以组建专业化的服务经营实体，发展后勤服务支柱企业，提高规模服务经营效益。二是建立和完善结算制度。各部门与机关服务中心签订合同并按合同支付后勤服务费，逐步建立和完善结算制度。三是打破界限，推动联合。要打破部门界限，改革“小而全”的后勤保障体制，加强对机关后勤服务设施建设的宏观调控，充分利用现有资源，避免重复建设；采取定点服务等多种形式，扶持一些部门的优势服务项目，实现优势互补；探索物业、餐饮、印刷、幼教等后勤服务行业联合，走产业化、专业化、集约化道路，逐步与国家第三产业的发展接轨，提高后勤保障水平和市场竞争能力。四是由机关事务管理部门或机关服务中心对所提供的服务进行绩效考核。

从目前的调研案例看，目前政府运行保障边界结构即后勤体制有两种结构模式，一是S省的“机关事务管理局—后勤服务中心（事业单位）—服务集团（国有企业）”模式；二是SH市的“机关事务管理局—集团”模式。本章以这两种模式为案例，进行具体分析。

二、“机关事务管理局—后勤服务中心（事业单位）—服务集团（国有企业）”结构模式

S省直机关后勤机构的改革是一种“重塑性”改革。省直部门（单位）所属后勤事业单位全部被纳入改革范围。其中，三分之二后勤事业单位（含省直属机关事务管理局所属事业单位）纳入方案组织实施；经省委编委批准的三分之一后勤事业单位纳入主管部门（单位）所属事业单位改革；省总工会、省供销社所属后勤事业单位按照相关法律规定，参照本方案组织实施。涉改事业单位开办企业一并纳入相应改革范围，统筹考虑、同步推进。

（一）体制层面：机构整合

1. 整合财政拨款、财政补助涉改事业单位，组建省级机关后勤保障中心（以下简称保障中心），为省直属机关事务管理局所属事业单位，副厅级建制，公益一类事业单位，核定财政拨款编制。

2. 整合部分自收自支涉改事业单位，转企改制组建QJ服务集团有限责任公司（以下简称QJ集团），人员相应划转QJ集团安置。整合部分自收自支涉改事业单位，转企改制组建会议服务集团有限责任公司（以下简称HW集团），人员相应划转HW集团安置。

QJ集团和HW集团均为国有独资公司，列入省管企业，领导班子和领导人员由省委统一管理，按照省属企业“六定”改革要求，实行“小总部”“大部制”管理。设立时登记的注册资本以货币资金和实物出资的方式完成。在完成资产清查后，资本金由省财政依法核定，并按相关规定予以支持。省直属机关事务管理局根据省政

府授权，代表省政府对QJ集团和HW集团履行出资人职责，并依法进行直接管理。

3. 界定机关后勤保障中心的政事企职责边界

省直属机关事务管理局的相关主要职责：制定全省机关运行保障制度、标准和集中统一管理事项指导目录，制订省直机关运行年度保障计划，核定机关运行保障需求，对纳入财政预算的省直机关购买后勤服务项目提出建议，对保障中心、QJ集团和HW集团资金使用情况进行监督检查。

保障中心的主要职责：协助省直属机关事务管理局统计省直机关后勤服务需求计划，开展后勤服务标准化研究，对集中（分散）办公区实行派驻保障；负责省直机关事业单位住房公积金、政策性住房资金管理和住房货币化补贴实施等工作；承担省直机关后勤服务、资产管理和工程建设方面的技术性、专业性辅助工作。

QJ集团和HW集团的职能：QJ集团为省直机关提供物业管理、餐饮服务、汽车服务、资产运营、工程建设、职业培训（劳务派遣）等，同时参与市场竞争。HW集团为省直机关重要会议、公务接待、公务活动等提供保障，同时参与市场竞争。

省直各部门（单位）的相关职责：结合省直机关后勤服务清单，提出购买后勤服务需求。

（二）机制层面：配套政策

一是人员安置和社会保障。涉改事业单位划转、整合、转企的，由新单位负责人员安置。纳入省直机关主管部门（单位）事业单位改革的，由主管部门（单位）负责人员安置，做好涉改人员社会保障工作。涉改事业单位在编人员划转新的事业单位的，全部予以接收。对改革产生的超出核定编制人员，核定临时编制和锁定编制作为过渡，与正式编制同性质、同待遇。临时编制具体收回办法实行“退 3 收 2 进 1”，直到人员减少到核定编制以内。锁定编制通过自然减员逐步核销收回，收回完成前人员只出不进。涉改事业单位在编人员划转“集团公司”的，可以选择 5 年过渡期内“封存档案身份”，其间人员流动按照改革前原档案身份办理，期满不再保留。涉改后勤事业单位编外聘用的合同工、临时人员以及开办企业合同制人员等，按照国家有关法律法规和政策规定妥善处理。离休人员按现有政策由原主管部门（单位）明确服务单位。退休人员随涉改事业单位一并划转，明确到新的服务单位，相关待遇问题按照国家有关规定执行。

二是国有资产管理。涉改事业单位当前占有、使用的全部资产纳入资产清查范围，经主管部门（单位）审核后报省财政厅审批。按照国家规定，应当进行资产评估的项目，在资产评估后，报省财政厅核准或备案。涉改事业单位预留好人员安置经济补偿金等费用后，其他国有资产按照省财政厅核准的资产清查结果（或资产评估结果）无偿划转新单位。涉改事业单位所占用的行政办公用房，如独立可分割、转企改制的，可随单位一并移交，经批准转为企业国有资本金；进行划转、整合的，可根据事业发展继续使用或随单位一并移交。如不可分割，按照有关规定腾退或经批准有偿使用。

三是后勤服务单一来源采购。S省直机关基本采用两个集团提供的服务，属于单一来源采购。

四是对服务供给方进行监管与满意度测评。出台《省直机关办公区后勤服务保障办法》，对服务购买主体、承接主体、服务内容、经费保障、购买程序、合同管理、绩效评价、监督检查等进行了规范。出台《省直机关办公区物业管理规范》（地标），对物业的基本要求、综合维修、会务服务、保洁、绿化、餐饮、节能管理和监督考核等做出规定。同时，开展满意度测评，每年在集中办公区内对物业和餐饮服务开展满意度问卷测评，依据得分情况支付物业和餐饮服务供给方费用。

五是服务的差异化管理。对集中办公区和分散办公区采取差异化管理，可分为“强管理”“中管理”“弱管理”三种方式。集中办公区采用“强管理”方式，后勤经费和服务都由管理局负责。“中管理”指管理局负责餐饮，物业由各单位自行负责。“弱管理”指后勤服务由各单位自行负责，经费也由各单位灵活支配，可采购两集团提供的服务，多适用于分散办公区。管理方式主要由集中统一管理体制改革前各单位的保障方式、改革后的地理位置决定。

三、“机关事务管理局—集团”结构模式

SH市的改革始于1993年。1995年，SH市各委办局撤销行政处，设立机关服务中心（安置工勤人员），逐步撤销工勤编制，管理职能仍在办公室、秘书处、综合处等综合部门。2003年开始，又逐

步撤销机关服务中心，转企改制为SQ集团、JQ集团（人员安置上，转到其他单位、两个集团，或者自谋出路，暂时保留事业单位编制），各委办局直接向社会力量购买后勤服务。2010年，SQ集团、JQ集团合并为SQ集团。目前，SQ集团为SH市属的副厅级国企，由国资委委托机关事务管理局管理，承担3个集中办公区后勤服务，并以市场平等主体竞争非集中办公区后勤服务项目。该市的机关事务管理局每年对SQ集团进行业绩考核，结果直接与薪酬挂钩。3个集中办公区后勤服务预算由管理局统一向财政申请，采用单一来源采购形式委托SQ集团承担；非集中办公点由各委办局申请，自行向SQ集团或其他市场力量购买，管理局主要通过确定服务项目、制定服务标准、加强服务监管等方式发挥作用，各委办局签订的主要合同要在管理局备案。SQ集团承担服务也分为自办和管理输出两种方式。对于有些具有保密性质的办公区实行自办服务；对于其他办公区，主要是管理输出，再组织引入社会化服务力量具体提供服务。

第二节 后勤服务市场化与平台型组织结构探索

一、平台型组织结构与治理

如果说上一种模式还需要设置一个集中的组织进行资源整合，统一负责政府各部门的后勤服务，平台治理模式则可利用技术手段即一个平台让政府各部门与市场主体直接联系，增加后勤服务供给的灵活性。随着提供后勤服务的市场主体的增多，这种平台模式目前应用规范逐步扩大。

理论上，公共事务的复杂性、民众需求的一体性与专业化分工之间的矛盾产生了政府横向与纵向协调的问题，平台治理正是为应对这一现实在政府治理中的创新，其目的是使民众从为需求与一个个政府部门打交道转而只需通过一个平台就能满足所有需求。[①] 故而，可将“平台”看作一个机制，一个政府搭建起来的“制度化协作体”，它有可能是一个组织，也可能是一个虚拟网络。[②] 大部制改革是组织平台重构，网格化管理是空间平台重构，而网络技术可以超越时空限制，为所有部门联结在一起形成统一平台为公民提供服务创造了可能性。[③] 首先，平台以服务对象为本位。科层制的逻辑是以专业和管理为本位，政府从系统功能的角度设计组织架构、规章制度和行政流程。当民众需要办理某一事项时，政府的组织架构与既定的办事流程保持不变，民众需要前往不同的物理地点面对不同的机构，办事流程复杂模糊。[④] 平台则可以为分散在不同工作地点的使用者提供一个跨部门、跨区域、跨层级的共享平台，形成以“治

---

① 李文钊．界面政府理论：理解互联网时代中国政府改革的新视角［J］．中国人民大学学报，2021，35（4）：11-18.

② 韩万渠，柴琳琳，韩一．平台型政府：作为一种政府形态的理论构建［J］．上海行政学院学报，2021，22（5）：58-67.

③ 李文钊，翟文康．从条块到界面：基层政府“放管服”改革的内在逻辑：基于江苏省徐霞客镇的案例研究［J］．甘肃行政学院学报，2021（1）：23-31，124-125.

④ 张桐，孔繁斌．“界面”及其隐喻：理解公众—政府交互的一种新视角［J］．江苏行政学院学报，2021（3）：106-112.

理端—平台—需求端”为特点的整合贯通的治理体系。[①] 其次，平台化运作同科层化运作并不冲突。平台型政府的运作依托于科层结构提供的实体性组织机构，其所依赖的资源和权力要素仍然沿着科层结构的组织体系展开。科层组织的层次结构会不断寻求整合平台的组织属性和内在机制，从而将自身转变为“平台+科层”的复合体，以更好地利用分散和协作网络，同时保留层级功能。[②] 可见，平台具有要素集成的特点，可以将两种以上分散在不同时空范围且不同类型的经济主体、社会主体聚集起来，为其提供一个跨地域的共享空间，并允许其自由加入和退出。

将平台理念应用于后勤服务领域，就是搭建统一的机关服务中心、搭建企业和政府的平台、制定服务标准，由政府各部门在平台上分散购买自己所需的服务。边界结构就演变成政府各部门—数字平台（由机关事务管理部门搭建并管理）—市场主体。

（一）平台型组织的结构

平台在结构设计上要满足两个要件。一是开放性和共享性。在政府治理中，一般来说，政府会按需建立政府与外部数据库的数据通道[③]，共享部分数据，为不同层级、分散在不同地域的政府部门和

① 孙志建．平台化运作的整体性政府：基于城市运行“一网统管”的个案研究［J］．政治学研究，2022（5）：39-48，152-153.

② 余敏江，王磊．平台型政府的“重层嵌套”组织结构及其制度逻辑［J］．学术月刊，2022，54（9）：73-85.

③ ZENG Y，ZHANG Q，ZHAO Q，et al. Doing More Among Institutional Boundaries：Platform-enabled Government in China［J］. Review of Policy Research，2023，40（3）：458-478.

市场主体提供一个不受时空限制的共享网络。二是模块化。模块化本义是指实现特定功能的要件，最初是为了解决前台复杂问题和函数命名冲突，将整体系统组件诸如业务、代码等进行分离，再采用通用规则重新组合为不同配置，保障系统功能完整性的同时，使其在使用者间共享和复用。如果将平台要素的集成视为一个可视化的"前台"，那么模块化则是数字平台"中台"的搭建。一般来说，数字平台的中台包括数据中台和业务中台。数据中台是对数据的加工处理。其一是对数据进行标准化处理，包括数据命名，对重复数据、数据冗余的处理和建立统一规范；其二是数据开发，包括将数据按不同场景进行分类和"打标签"、面向业务过程建模，最终实现平台主体数据多源统一汇聚接入、编目管理，满足不同场景的计算、分析需求，实现信息资源的互联互通、共享开放。业务中台在技术上以共享服务中心的形式存在，从流程角度通过提炼各个业务领域的共性需求，打造成组件化的资源包，将核心业务能力以服务的方式进行有效沉淀，实现服务在不同场景中的业务能力复用，最后以接口的形式提供给前台使用。

（二）平台型组织的功能

"开放性前台"与供需资源整合。上文已指出，"开放性前台"即在政府共享部分数据的条件下为不同层级、分散在不同地域的政府部门和市场主体提供一个不受时空限制的共享网络。它既秉持了平台的开放结构，允许使用者自由加入与退出平台，并可参与平台的技术、产品、服务创新，也强调数据开放的限度。对需求方来说，平台可对供给方进行扩容，通过供给侧的结构性调整提高供需的适配度。

“模块化中台”与供需高效连接。平台“前台”的开放性结构实现了供给方的扩容，模块化“中台”的搭建通过开放多方互动的模型设计和规则约束增强了供需之间的有效连接，提高供需双方的匹配度。数据中台实现了对政府所需数据的标准化处理与算法等形式的开发，业务中台实现了政府业务流程的模块化和线上化，即把复杂的业务流程设置为统一的规则库，减少沟通成本，最大限度地提升需求方的办事效率。

综上，平台驱动的政府模式中，平台的开放结构促进了供给方的扩容，在供给侧整合各类资源；模块化设计则通过数据中台和业务中台的建设在需求侧与供给侧间建立实时交互机制，加强供需双方高效连接，进而提高资源配置效率。

二、典型案例：公物仓平台与资产配置

为进一步说明平台治理的特征与过程，本部分选择 C 市政府虚拟公物仓的建设和运行为案例。C 市机关事务管理局在国家机关事务管理局与 S 省委和省政府的统一部署下，较早进行了虚拟公物仓建设，目前也是各省市公物仓平台建设的蓝本，具有示范性。同时，C 市政府虚拟公物仓已运行近六年，在提高行政性国有资产配置中效能显著，具有典型性。具体来说，2017 年起，C 市机关事务管理局就开始开发公物仓的数字化管理系统，通过网络化平台将行政性

国有资产尤其是各部门的闲置通用资产和社会资源同时整合进公物仓，为政府部门提供与供应商直接对接洽谈的平台，实现供给侧的扩容。①

首先，C 市机关事务管理部门建立了开放性的供给平台，将政府各部门所需的行政性资产，包括办公用品和部分保障类服务以及相关企业放在平台上。机关事务管理局负责对政府各部门闲置资产进行盘点并在网站平台上共享库存信息；以行政事业单位各部门为需求方，从已中标的供应商中租赁合适的物资。供应商需要在前期进行招投标，与政府签订一定期限的合作合同，以保证政府后勤物资供给的连续性和稳定性。

其次，模块化中台与供需联结。政府公物仓通过数据中台和业务中台的设计，使得需求方更容易找到自己所需的物品，完成供需双方的精准对接。一是通过数据中台，在对外公物仓平台上将供应商提供的商品进行分类和“打标签”。“标签”包括厂商的资本、成立年代、工程案例、材质；货品外观样式、价格、功能参数、售后服务等。在对内公物仓平台将政府闲置资产通过射频识别（RFID）技术嵌入感应标签。传统上，政府闲置资产管理主要依靠人工采集和录入资产数据。人工录入效率低，错误率高，且很多资产设备只是在初次登记时记录其所在空间位置，随着时间变迁，设备使用者、

① 2021 年 4 月，课题组成员前往 C 市管理局展开调研，对资产管理处和负责公物仓的相关工作人员进行了多次结构化和半结构化访谈，掌握了公物仓平台规划、建设等一手资料。同时，对中央至 S 省，以及 C 市现代公物仓的相关政策文件、工作报告、媒体报道等进行分析。

使用地点、使用状态发生变化，依靠人工很难及时更新资产的最新状态，资产信息难以检索与统一，一旦与会计明细账有出入，增加查找难度；此外，管理人员将数据抄录在纸上，一旦丢失或损坏，将难以追溯。① 射频识别技术将感应标签上包含的资产信息通过传感进入计算机系统，计算机系统再通过传来的信息准确定位每个资产的位置，并统计资产的数量，任何时段通过系统都能清晰地知道国有资产的数量与位置，从而实现对国有资产的动态监管，及时发现资产的损毁与报废情况，保证资产管理的效果，提高资产的利用率。二是通过业务中台联结供需双方。资产调剂是一项流程复杂的业务，涉及多个部门。首先需要有资产调剂需求的部门向机关事务管理部门提出申请，机关事务管理部门中负责资产管理的机构在公物仓中调取所需资产。若没有，则需要联系政府采购部门通过购买的途径获取。整个过程中，被保障方即政府各部门不仅需要等待很长时间，且资产的获取具有很大的被动性。相关的保障性服务诸如办公设备维修、会议设备及服务等还需要联系机关事务管理部门的后勤服务部门提供，若有些单位不在机关事务管理部门集中管理的范畴内，则需要自己购买服务，过程烦琐，及时性难以保障。数字化业务中台的设计首先将资产调剂的流程“数字化”，将资产的需求方和供给方整合到同一网络平台上，实现了政府各部门直接在平台上获取资产和服务，机关事务管理局更多负责运营平台和商家的资格审核。供需双方能够通过平台迅速对接，提高资产配置效率（如图 4-1 所示）。

① 根据 2021 年 4 月访谈资料整理。

从资产配置效果上看，2017 年 C 市依托公物仓平台，完成了多项重大会议和活动保障，累计提供办公家具 1252 套，办公设备 568 套，节约财政投入 270 余万元，节约预算经费超过 70%。在 2017 年 9 月联合国世界旅游组织第 22 届全体大会中，C 市依托公物仓提供了 862 套办公桌椅，394 台办公设备，并配备 4 名安装维护人员。采购预算 130 多万，通过公物仓仅花费 36 万元。①

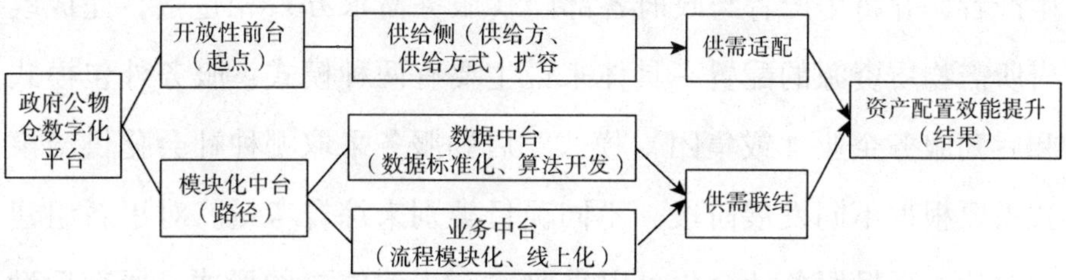

图 4-1 政府公物仓数字化平台提升资产配置效能的示意图

本章小结

一、政府运行保障体系组织边界结构的变革

计划经济时期，政府运行保障体系体现出强烈的单向度特征，即以单一主体（政府）输出资源配置，目的是保供给，具有内循环的特征。供给方是政府，政府委托机关事务管理部门，需求方是政

① 根据 2021 年 4 月访谈资料整理。

府各部门，供给方式为计划性配置。伴随着改革开放和社会主义市场经济的不断发展，在资产和服务的配置上引入市场机制，政府运行保障具有了市场主体参与的外循环特征。需求方依然是政府各部门，供给方增加了市场主体，机关事务管理部门此时更多承担管理者的角色。在外循环中，资产的供给采取政府采购模式，后勤服务的配置采取服务外包模式，由机关事务管理部门选择资产和服务的生产者，并将生产者与政府各部门（服务需求方）相连接，完成政府所需物质资源的配置。具体来说主要有两种模式：服务外包模式和后勤服务企业（或集团）模式。后勤服务采取哪种社会化供给模式需要根据不同发展阶段、不同项目类别来综合考量。对于新组建的单位，后勤服务社会化可以采取"一步到位"的形式，所有后勤服务项目基本采取一律外包的形式，由原机关服务中心改制成的企业或集团，出于平稳过渡、安置原后勤职工、防止国有资产外流的目的，继续向区域内的机关部门提供托儿所、招待所、公务用车等服务。但对于后勤服务企业（或集团）仍需要进一步提高其社会化程度，需要进一步进行企业化改革，打破部门、系统界限，组成地区性的综合或专业服务保障中心；进入市场竞争，自主经营、自负盈亏、自我约束、优胜劣汰；有条件的进行股份制改革，降低单位参股控股比例，提高员工入股水平，逐步脱离体制限制。支持保障型、市场发展成熟的服务完全放开，通过招标方式引进社会上有相应资质的专业服务公司承担，逐步实现后勤服务的社会化。

平台型组织模式则采取共享经济的思路，在政府采购和服务外包之外，开启了机关事务市场化的"第三条道路"：利用数字平台将分散的供给端（政府各部门的闲置资产和市场上的供应商及其产品）集中，进行专业化管理（机关事务管理部门负责资格审核、招标），把资产与资产的使用者即政府各部门高效结合，让政府的闲置资产得到充分使用的同时，补充市场租赁服务，让供需双方同时获益。在数字化发展的推动下，平台利用互联网思维和技术，整合社会资源，重构通用资产和服务的供给模式。同时平台的中台以智能化、便利化为特征，借助技术优势，让服务供给方（市场主体）与服务需求方（政府各部门）直接对接，形成数字政府下公私合作的新局面。平台借助开放性数字平台在政府共享部分数据的条件下为不同层级、分散在不同地域的政府部门和市场主体提供一个不受时空限制的共享网络，既可以将政府闲置资产入库，还可引入市场上的供应商，扩展“公物”范围，增加资产所需的配套服务以及地方特色产品等，实现供给方扩容，同时增加租赁业务，发挥共享经济在资产配置中的功能以实现供给方式的变革，完成资产供给侧的结构性调整，提高供需的适配度；通过数据中台将资产“标签化”，通过业务中台将资产配置流程进行标准化分解和精简，并将部分职能“线上化”，让资产管理部门“隐身”，在需求侧与供给侧间建立实时交互机制，实现供需双方的高效连接，降低行政成本，最终提高资产配置效能。

未来政府运行保障的平台化改革：一是平台与政府资产和服务管理衔接，升级为政府运行保障数据库，对国有资产和服务进行大数据分析；还可拓展资产处置功能，针对闲置资产，开展出租等资产的集中运营，以达到节约经济成本和行政成本的效果。二是政策制定上，在资产管理方面，确立资产先内部调剂，再公物仓租赁，最后通过政府采购购置的流程，以保证平台能够最大限度地发挥作用，让市场更充分地参与到政府所需的资产和服务的配置中。三是利用平台的开放性，拓展其适用范围和功能。通过平台协作共建，辐射地方产业发展。四是数字化平台的风险管理，包括产品安全风险、信息安全风险和意识形态安全风险，如何保障使用方的利益，如使用风险分担和保险等市场机制以减少参与者的风险，从而最大限度地提高整体价值。

二、对机关事务社会化问题的探讨

本书所讨论的政府运行保障体系组织边界结构问题就是机关事务社会化中如何处理政府与机关服务中心、市场主体间关系的问题。众所周知，机关事务社会化能够有效整合社会资源，提高政务服务供给效率。通过引入市场竞争机制，政府可以选择服务质量高、价格合理的供应商，从而在确保服务质量的同时降低运营成本。此外，专业团队的参与能让热线服务更加专业化、规范化，能更大程度上满足人民群众的需求。但服务外包后，也面临着一些挑战。一是一些地方政府为了缓解债务压力，违规扩大外包服务的内容和期限。例如，2022 年 7 月，四川南充市公共资源交易网的阆中分网发布了一项重要拍卖公告，拍卖标的为阆中市公办学校、行政机关、事业单位以及国资公司食堂食材的统一配送服务未来 30 年的特许经营权，起拍价设定为 1.8 亿元人民币，引来民众的关注和不满。二是服务或资产在外包过程中因管理的不规范增加了政府隐性债务规模。例如，地方政府将不符合要求的场馆类资产盘活项目包装成PPP（政府和社会资本合作）项目，变相举债，增加地方政府隐性债务风险。据调研数据，某地在体育馆盘活项目中采用TOT（转让—运营—移交）模式，但该项目特许经营合同中却没有明确的经营内容，项目异化为地方政府的举债工具，违背了政府和社会资本合作的初衷，超过2亿元人民币的投资额最终只是延迟了地方政府的债务风险。有实质性进展的资产盘活失败后带来的负面影响远远超出没有实质性进展的项目，项目退库后，既有建设内容与新的用途不符、建设工程烂尾等全部风险都将由政府承担，政府回购增加了财政负担，进一步加剧政府的财政压力。三是因外包公司内部管理和人员素质的不同而造成服务质量波动，外包费用也会增加政府财政负担。四是对外包公司的监管和评估难度较大。在招标过程中，若招标流程缺乏透明度，则可能滋生腐败问题。如私营部门由于短视会通过多种手段来俘获监管部门逃避运营阶段的监管。

因而，对于机关事务社会化和政府运行保障组织边界结构，有一个更为根本的问题需要探讨，就是机关事务社会化的边界在哪里？哪些事务可以由市场提供？哪些事务最好由政府自己保障？如果将机关事务分为服务事项和职能两部分，这个问题就可以转化成哪些具体保障事项可以由市场提供？哪些最好由政府提供？从供应链视角看，资产和服务的供给哪些环节可以外包给市场？哪些环节需要由政府负责？

（一）保障事项社会化问题

政府治理现代化的最大特征就是“管办分离”。现代化的政府不再是服务的直接生产者，生产职能转交给了市场格局中的企业，政府成为服务的提供者、协调者和监管者。机关事务管理系统从20世纪末就开始推行“后勤社会化”，这一措施一方面是要减轻政府人力财力物力的负担，另一方面是要让质量更优、速度更快、体验更好的各项服务进入政府后勤，充分提升广大干部职工对工作生活服务的可选择性。“政府购买服务”模式进入机关事务管理工作的视野，标志着“机关后勤工作”向“现代化机关事务管理”的转变。“政府购买服务”是对“后勤社会化”的改造升级，它明确了机关机构的管理者角色，明确了政府与服务提供方的供给关系，明确了机关机构、服务提供方、后勤服务享用者之间“治理格局”的出现。

自2003年起实施政府采购法初期，其服务采购范畴就包含了支撑政府日常运作的后勤保障服务。至2012年5月，财政部发布的《政府采购品目分类目录（试行版）》（以下简称《分类目录》）采取了非穷尽列举法，详尽列出了涵盖政府运营及民生改善等关键领域的共计24项服务类别。依据该《分类目录》，政府采购服务项目被条理化地划分为三大类别，其中首要类别聚焦于确保政府机构顺畅运作所必需的外部采购服务，诸如文件印刷、物业管理、公务用车租赁以及信息系统维护等，这些服务直接服务于政府内部的高效运作。[1]

---

① 魏娜，刘昌乾．政府购买公共服务的边界及实现机制研究［J］．中国行政管理，2015（1）：73-76.

2018年国家机关事务管理局颁布了《中央国家机关后勤服务指南》，其虽为指导性意见，但规定了后勤服务的基本范畴，并建议将“办公设备维修保养服务、物业服务（房屋养护维护、公用设施设备维护、保洁、绿化等服务项目）、安全保卫服务、印刷服务、餐饮服务、其他服务（保留公务车辆维护保养服务、车辆保险、会议服务等服务项目）等纳入政府购买服务指导性目录的后勤服务项目”。理论上来说，这些以物为对象的基本公共服务，属于不存在排他性，但是市场上存在提供类似服务的竞争者，属于具有竞争性的以物为对象的基本公共服务领域。因此，政府可以通过向社会力量购买的方式提供这类基本公共服务。

（二）政府购买后勤服务的组织模式

政府购买后勤服务的组织模式就是政府、市场、社会协同供给服务，构建政府与市场、政府与社会组织的合作机制的过程。在这一过程中，政府作为出资人，将原本由自身承担的公共服务转交给社会组织、企事业单位履行，以提高公共服务供给的质量和财政资金的使用效率，改善社会治理结构，满足公众的多元化、个性化需求。在这一过程中，机关事务管理部门（服务购买者）、市场（服务提供者）、政府各部门（服务需求者）理论上的职责分工如下：

政府作为购买政务服务的核心主体，首先需准确把握政府的服务需求，随后据此制定政策导向与服务规划，详细设计服务购买的具体内容与事项，清晰界定服务的种类、性质及详细内容。为确保透明度，应及时且全面地公开购买服务的项目详情、承接方资质要求、采购流程、资金预算、绩效评估标准及配套制度等信息，旨在为各类社会力量营造一个公平竞争的参与环境。

承接服务的主体，涵盖非营利组织、营利性企业以及事业单位等多元力量，依据政府制定的政策与要求，通过签订正式合同或提交项目申请的方式，从政府处承接公共服务项目。在合同框架内，这些主体负责生产并提供满足需求的政务服务。

被保障的政府各部门作为服务的使用者和直接受益者，其角色至关重要。一方面，他们向机关事务部门（或后勤部门）表达并反馈对于服务的需求与期望；另一方面，作为服务的体验者，通过满意度调查等反馈机制，为衡量服务成效提供宝贵数据。

最后是对服务的考核评估，评估职能一般由机关事务管理部门承担，依据承接主体在服务提供与使用过程中产生的数据信息，开展全面而深入的评估工作。评估结果不仅应反映政府购买服务的满意度情况，还应成为政府未来优化服务购买决策、调整服务内容的重要参考与依据。

第五章

从中央到地方：政府运行保障体系组织结构的纵向变革

第一节　领导体制：从“块块管理”到“条块结合”

我国政治体系的一个鲜明特点是“层层复制”：中央政府的主要部委，除外交部等个别例外，在各级政府中均有对应部门，比如，中央政府有财政部、省政府有财政厅、市县政府有财政局等。这种从上到下的部门垂直关系，被称为“条条”，而横向的以行政区划为界的政府，被称为“块块”。大多数地方部门要同时接受“条条”和“块块”的双重领导。通常情况下，“条条”关系是业务关系，“块块”关系是领导关系。① 2012 年以前的政府运行保障体制主要是“块块”关系，即各层级的机关事务管理部门主要负责保障同级政府各部门的机关事务，职能和机构设置也更多由同级党委和政府决定。

① 兰小欢．置身事内：中国政府与经济发展［M］．上海：上海人民出版社，2021：19.

2012年10月出台的《机关事务管理条例》第四条规定："国务院机关事务主管部门负责拟订有关机关事务管理的规章制度，指导下级政府公务用车、公务接待、公共机构节约能源资源等工作，主管中央国家机关的机关事务工作。"县级以上地方人民政府机关事务主管部门指导下级政府相关机关事务工作，主管本级政府的机关事务工作。这标志着政府运行保障体制在纵向上建立了从中央到地方的业务指导关系，使政府运行保障的相关事务从"块状管理"向"条块结合"转变，明确机关事务工作机构除接受同级党委、政府的领导外，在业务上还接受上级机关事务工作机构的指导，即建立全国机关事务管理系统的行业指导关系，以贯彻统一的政策、制度和标准。①

第二节　组织内部结构：职责异构

政府运行保障体系的纵向间政府关系是一种指导关系，而非垂直管理。下级机关事务管理部门需要严格执行党中央和国务院指定的相关法律法规，但在组织结构设计上，包括内设机构和职能，中央到地方组织结构呈现出"职责异构"的特点。

① 丁煌，李雪松．新中国70年机关事务治理的制度变迁：一项历史制度主义的考察[J]．理论与改革，2020（1）：88-99.

一、机构设置

前面章节已论及，政府运行保障体系在组织机构上的统一体现为将党政各机关的机关事务划归一个部门集中统一管理。将各机构和各部门后勤资源的所有权、调配权和处置权集中或统一到机关事务管理部门统筹调动。但纵向上看，从中央到地方，机构设置有不同的样态。

中央层面。在中央国家机关中，党委、人大、政府、政协都设有机关事务管理机构，分别管理本部门或本系统机关事务工作，其中，党委、人大、政协的机关事务管理为部门内设，国务院的机关事务管理局则为国务院直属副部级机构。国家机关事务管理局承担的机关运行保障职能覆盖整个中央国家机关各部委办局。在国务院系统中，各部门也设有各自的机关事务管理部门，在具体事务上与国家机关事务管理局对接。这些部门有的设在办公厅（室），有的设在机关服务中心，有的独立设置机关事务管理局；编制管理上，有的使用行政编制，有的使用事业编制，有的行政事业编制混合使用。同时，行政系统的机关运行保障依据《机关事务管理条例》，党的机关、人大常委会机关、政协机关和有关人民团体的机关事务管理活动参照执行。

省级层面。绝大部分省在行政系统内设有机关事务管理部门，但其在名称、规格、机构性质以及隶属关系上均存在较大差异。具体来说，截至 2019 年，除北京、西藏外，大陆地区 29 个省级党政机关中都设有机关事务主管部门，新疆生产建设兵团也成立了机关事务管理局，其中大部分省级机关事务主管部门都命名为“机关事务管理局”。省级机关事务主管部门的行政级别大部分都是正厅级，少部分为副厅级，而且主要都是直属省级人民政府的工作部门（一级局）。

市、县级层面。截至2019年，在地市级层面，334个地市级行政区中有80%以上设立了专门的机关事务管理部门，保障本级政府部门（市党委、市政府、市人大、市政协）的机关事务。区县级的机关事务管理部门则形态各异，有些是区（县）政府的行政单位，有些是服务中心（一类事业单位），有些将这项职能赋予办公室。

二、职能设置

（一）不同层级政府运行保障职能设置

按照行政层级，不同层级的机关事务管理内容不尽相同，从中央至地方政府运行保障体系的组织结构呈现出职责异构的特征。

国家层面的机关事务管理即国家机关事务管理局在职能设置上更多侧重于顶层设计，包括法律法规，机关事务公共政策，机关事务管理标准的制定，机关事务管理部门职能、机构和人员的设定，以及国家层面的公共部门机关事务的管理和保障。此外，国家层面的机关事务管理部门有政府采购的职能，而地方各层级的机关事务管理部门的这一职能在地方一级的财政部门。

省级机关事务管理侧重于对国家政策的调适、对省一级政府部门机关事务的管理和保障，以及对地市级机关事务管理工作的约束。此外，地方也可以作为大规模改革的试点，为中央层面机关事务的改革投石问路、开辟空间。例如，2020年，国家机关事务管理局制定了《中央行政事业单位固定资产清查盘点工作指南》，并建设中央行政事业资产调剂使用公物仓。在北京和上海等地，为实现国有资产统筹调配，虚实结合，盘活办公区各类资产，实现国有资产共用共享。以建设行政办公区配送中心为抓手，充分利用专业的仓储场地和仓储设施，建造国有资产“实物公物仓”。同时，建立健全国有资产统一登记、统一调配工作机制，打造国有资产“虚拟公物仓”。在当代机关事务改革几个重要的方面，如集中统一管理、职能化、信息化、文化建设，国家机关事务管理局都分别在地方先行试点，如在山西开展了集中统一管理的试点，在盘锦开展机关事务职能化试点，在贵州开展信息化试点，在成都开展文化建设试点。

市级机关事务管理的职责范围并不固定，可大可小。有些城市机关事务管理的职能范围很大，超出了国家的基本规定，甚至囊括了市政建设的很多方面，如公交站牌的建立。有些城市机关事务管理的职能范围比较小，只涉及部分机关资产的管理和后勤服务，甚至经费的管理都不在其中。

区（县）级机关事务重服务轻管理。一是县一级基本不设机关事务的专门部门，机关事务或是办公室下属的科室，或是一个服务中心。这些部门更侧重对区县政府运行的保障和服务，如公务用车的提供、办公用房的维修等。因为权力是同级政府部门委托的，故而在权力执行上存在障碍。

（二）同一层级政府运行保障职能设置

因机关事务管理部门主要保障同级政府各部门的机关事务，因而即使是同一级别的机关事务管理部门，其保障范围和职能也各不相同。本部分以2019年对省级机关事务管理部门职能情况调研来说明这一问题。按照保障范围和保障对象，截至2019年，可将省一级机关事务管理体制划分为以下四类。

1. 管理对象广、事务全、权限大。机关事务管理部门负责省委、人大、政府、政协的机关事务配置和管理，所涉及的事务涵盖了专项经费管理、资产管理和后勤服务。管理的权限大，包括资金的管理，资产（公务用车、办公用房、通用资产、机关用地）的产权登记、清查、规划、调配、经营与维修，服务（公务接待、后勤服务）的提供。山西、吉林、福建、浙江、云南属于这一类。

以山西为例，2018年10月，根据山西省机构改革的要求，将山西省原人民政府机关事务管理局，以及省委办公厅、省人大常委会办公厅、省政协办公厅的接待职责、机关事务管理职责等整合，组建了山西省直属机关事务管理局。由政府序列转入党委序列；机构由副厅级上升到正厅级；工作领域有了扩大，省四大班子办公厅的接待和机关事务管理职责全部交由管理局负责。山西局在资金、资产、服务三大方面，均探索了集中统一管理的路径。具体来说，资金的统一管理体现在机关运行专项经费上，资产的统一管理体现在办公用房、公务用车、不动产、省级干部住房保障、省直机关职工住房保障五方面，服务的集中管理体现在公务接待和后勤服务两方面。具体的管理权限有公务用车：一般公务用车管理职能由山西局行使，执法执勤车辆和特种作业车辆的编制由省财政厅管理，一些地市也将执法执勤车辆和特种作业车辆交由管理局管理。在一般公务用车上，编制、购置、配备、调剂、处置由山西局负责，公安交管部门负责上牌照和道路交通管理。办公用房：包括统一规划建设、统一权属登记、统一调配使用、统一处置利用、统一维修改造、统一物业规范等内容，从全生命周期对党政机关房产土地的管理工作予以细化和明确。在统一规划建设中明确，对于省财政投资的新建、改扩建、购置等项目，或省直机关利用划拨土地建设、改造的项目，必须由机关事务管理部门进行必要性审查；在统一权属登记中明确，机关事务管理部门为省直机关房屋所有权人和土地使用权人，所有应登记到省政府名下的省直机关房产土地，统一登记至山西省直属机关事务管理局名下；在统一调配使用中明确，省机关事务管理局负责省直机关房产土地的统一调配使用工作；等等。机关事务管理部门负责规划、权属、调剂、使用监管、处置、维修等，发展和改革部门负责项目审批、建设标准制定以及投资安排等，财政部门负责预算安排，指导开展资产管理。国有资产管理方面，省直行政单位及参公事业单位不动产由省机关事务管理局进行集中统一管理，即统一规划建设、统一不动产登记、统一调配使用、统一处置利用、统一维修改造、统一物业管理。改革前物业管理由各厅局自行负责，改革后逐步推进由省机关事务管理局统一保障。改革前规划建设、处置利用、维修改造等主要以审批、审核为主，改革后就不仅仅是审批审核了，实施的主体也是省机关事务管理局。

2. 管理对象广、事务全、权限有限。这类以黑龙江最为典型。机关事务管理部门对机关事务的管理覆盖范围为省委、人大、政府、政协四大机构，职能也覆盖到了资金、资产和服务的管理，略有差别的是权力的限度：省机关事务管理局负责管理省直党政机关和具有行政职能的参公单位以及在省政府各办公区办公的其他单位的办公用房，上述单位的其他资产和其他省直行政事业单位的国有资产由省财政厅负责管理。省直机关办公用房的物业、调剂、维修等日常管理工作由省机关事务管理局负责，办公用房的产权界定、资产评估、处置等管理职责由省财政厅负责。

3. 管理对象广、事务有限、资产管理权限大。这是大部分省份的情况。机关事务管理部门负责省委、人大、政府、政协的机关事务配置和管理，资产管理的权限大，包括资产（公务用车、办公用房、通用资产、机关用地）的产权登记、清查、规划、调配、经营与维修，服务（公务接待、后勤服务）的提供，但不具备管理机关运行保障所需的财务经费的权限。属于这类的省（直辖市）有河北、上海、江苏、江西、湖南、广西、海南、四川。

4. 管理对象有限、事务全、权限大。机关事务保障只覆盖到省委和省政府；涉及事务较全，涵盖了专项经费管理、资产管理和后勤服务的提供；管理的权限大。属于这类的省（直辖市）有北京、天津、辽宁、安徽、河南、甘肃。

三、中央与地方间的协调与信息共享机制

一直以来，政府运行保障体系探讨的是政府横向部门间的集中

统一管理，即一级政府设置一个机关事务管理部门，负责本级各部门的资产和后勤保障事务，缺少实质上的纵向间协同机制。有学者在讨论“机关事务管理中由层级和空间地域关系引起的问题”时，提出：“在同一地区存在着多个层级机关的情形下，机关运行保障所需要的通用服务是否要进行必要的整合，从而降低不同机关的资源局部冗余，提升全局效率效能。”“在某个特定街道的辖区内，除了街道机关还可能存在着区、市和中央三层级的各类机关，构成四层级机关同处于同一空间地域内的状况。在这样的情形下，机关运行保障所需要的交通服务、就餐服务等通用服务，是否仍有必要以机关层级为区隔，各自保留本级机关的机关事务运行保障中的通用服务，是否可以对不同层级的通用服务进行必要的整合，采取更加集中统一的方式降低冗余、提升效能。”① 在数字政府推行之前，在各层级政府之间并不存在通用资产和服务的共享机制，更难以实现中央与地方间机关事务的协调与信息共享。以行政事业性国有资产为例，一方面，因为政府在资产管理上缺乏有效沟通与协作，资产难以实现跨部门、跨层级调剂。有资产需求的部门多通过政府采购而非部门间调剂获取资产，增加了行政成本。另一方面，地方政府作为独立人格的“经济人”，本身存在自利性动机，驱使其行为目标重在增加自身利益，地方政府为谋求自身利益，如财政收入与投资最大化，会利用信息优势有意隐瞒真实信息，进而带来一系列问题，如地方寻租，资产管理缺乏有效监督，导致地方资产配置、盘活、

① 高鹏程．当前中国机关事务管理研究中的前沿问题：资产管理、层空关系和集中统一方式［J］．理论与改革，2020（1）：100-109.

处置等环节出现漏洞甚至违法行为，严重情况会造成国有资产流失。

在数字治理语境下，以大数据、云计算和人工智能大模型等为核心的数字技术在纵向政府间关系重构中的应用，可以很大程度上克服纵向政府间的信息不对称，既促进了资源要素的向上整合与全域流通，提升了中央政府的信息优势与监督能力，也使基于场景的、精细化的治理责任划分和归属成为可能，进而实现纵向政府间更加精准的激励和问责。以资产管理过程中的公物仓为例具体进行分析。

公物仓制度是指党政机关举办大型活动（会议）及组建临时机构时，对所需物资设备实行集中统一管理的专门机构与机制。这一制度的核心在于“集中管理、统一调配、共享共用”，旨在通过科学的资源配置方式，提高资产使用效率，减少重复购置和浪费，促进节约型机关的建设。公物仓资产实行专库存放、专人保管、专户管理，涵盖了从物资的保管、租赁、出借、调剂到最终处置的全过程，确保每一份资产都能得到最合理的利用。在过去，行政事业单位为举办大型活动或召开会议，往往需要临时购置大量电脑、桌椅、音响等物资，这些物资往往只能单次使用，活动结束后便闲置一旁，不仅造成了巨大的资源浪费，也增加了财政负担。公物仓制度的出现，正是为了解决这一问题，它让物资能够“N”次利用，实现资产效益的最大化。同时，通过公物仓的调剂功能，还能及时将更新换代较快的设备调剂到其他需要的单位，避免闲置和浪费，形成资产管理的良性循环。

2024年1月起，全国公物仓应用服务平台投入运营，打通了国家、省、市、县等多个行政层级的资产信息壁垒，促进中央与地方间闲置资产信息的深度互联与跨区域灵活调配。目前，全国公物仓系统已联通了河北、山西、湖南、新疆等14个省级公物仓，以及杭州、沈阳、济宁、台州、黄冈等市级公物仓。此外，国管局积极作为，对已建成公物仓信息系统的地区提供标准化接口，对尚未建立相关系统的地区开放信息平台，供其免费使用，旨在避免重复投资，有效节约国家财政资源。

首先，公物仓信息平台在政府运行保障体系内实现了中央与地方间的信息和资源共享。一是信息共享。以中部某省为例，自省内公物仓平台建成以来，已升级完成国有资产、办公用房、公务用车等八个分系统整合一体的综合监管平台。结合平台建设，同步开展了国有资产的核查工作，基本摸清了省内各级政府的土地、房屋的基本数据。二是资源共享。其一，实现了闲置资产跨区域调剂。统一的公物仓平台不仅覆盖一级政府机关本级、垂直管理机构和事业单位，还打通国家、省、市、县多个行政层级，消除资产调剂共享在全国范围内的信息壁垒。例如，山西、陕西、贵州等地已成功实施车辆跨地区调剂，有效缓解了基层单位和边远地区的车辆短缺问题。其二，实现了闲置资产跨领域调剂。将闲置资源用于提供便民服务、开展社区活动、支持乡村振兴和科研教学等用途。例如，江苏省常州市利用公物仓将闲置的办公用房转化为社区活动室和老年食堂，显著提升了社区服务的硬件设施与服务质量。又如，福建省借助全国公物仓平台将中国科学院南海海洋研究所的1100吨级“实验2”科考船无偿划拨至集美大学航海学院；将海关系统闲置的三台重型无人机（原计原值总计2.959万元）分别调配给福建江夏学院、福建警察学院及莆田市公安局等单位，为上述机构的教学研究与实践工作提供了有力支撑。可见，对各地区、各部门资源进行整合，能够助力实现全国行政事业单位存量资产信息“一网汇聚”和调剂共享业务“一网通办”。

其次，技术一旦付诸使用，具有不可逆性，这也是“技术驱动”的特色，数字平台为资产管理全流程上的各个职能部门确权，将许多不可切割的治理责任进一步细分，从而实现更加精准的责任锚定。[①] 公物仓管理工作虽然只是资产管理工作的一方面，但对调出单位来说是资产处置，对机关事务部门来说是资产调剂管理，对调入单位来说是资产配置。在整体的资产配置全流程中，涉及多个部门，若不合理确权，部门间合作就会受阻，影响资产配置效率。技术赋权可以通过平台对接业务系统明确管理主体和部门分工，细化政府间责任归属。在全国公物仓系统运行过程中，中央层面可实现对各级政府资产数据信息的掌握，以此为依据，便于制定和调整资产的使用标准，对各级政府资产使用情况进行审计、考核，也可实现资产在全国范围内的调剂共享。对各级政府公物仓管理部门来说，负责实体公物仓和虚拟公物仓的管理，如在公物仓业务布局中设置信息发布、统计查询、供需调剂等核心功能，负责闲置资产的清查盘点、配置、出入库、维修、处置，以及对各单位资产使用情况的全

---

① 黄飚．“精准定责”：数字治理语境下纵向政府间关系的新可能［J］．政治学研究，2024（3）：76-93，243.

流程监管等工作。政府各部门作为资产的供需方，在资产入仓和出仓的过程中需要承担相应的职责。

第三节　组织边界结构：区域性市场与跨层级保障

2023 年中央经济工作会议指出，必须坚持深化供给侧结构性改革和着力扩大有效需求协同发力，发挥超大规模市场和强大生产能力的优势，使国内大循环建立在内需主动力的基础上，提升国际循环质量和水平。而构建新发展格局的关键一招就是“要构建全国统一大市场，深化要素市场改革，建设高标准市场体系”。《中共中央国务院关于加快建设全国统一大市场的意见》指出，“加快建立全国统一的市场制度规则，打破地方保护和市场分割，打通制约经济循环的关键堵点，促进商品要素资源在更大范围内畅通流动，加快建设高效规范、公平竞争、充分开放的全国统一大市场”“持续清理招标采购领域违反统一市场建设的规定和做法。制定招标投标和政府采购制度规则要严格按照国家有关规定进行公平竞争审查、合法性审核”“加快打造市场化法治化国际化营商环境。充分发挥各地区比较优势，因地制宜为各类市场主体投资兴业营造良好生态”。① 政府运行保障体系组织边界结构在纵向上就体现为区域或统一市场的构建与平台的搭建，便于不同级别的政府部门从统一的平台上购买或

① 王德．加快建设全国统一政府采购市场的对策建议［J］．中国行政管理，2024（4）：151-154.

租赁所需的资产和保障性服务，提高保障效能。

一、区域市场的建立

目前，政府运行保障领域主要是在省内建立了区域性市场和平台，纵向上为各层级政府提供服务保障，方便分散办公区或较低层级的政府部门可以从平台上购买资产和服务，节省了其额外采购、签订合同等交易成本。本部分举“虚拟公物仓”案例进行说明。

2022年年底，财政部出台《关于盘活行政事业单位国有资产的指导意见》，提出“优化在用资产管理、推进资产共享共用、加强资产调剂、实施公物仓管理、开展资产出租或者处置、探索资产集中运营管理”六大资产盘活方式，为最大化激发资产效能、节约财政资金、优化资源配置提供了行动指南。

行政性国有资产是国家调拨的资产、使用国家财政性资金形成的资产以及其他经法律确认为国家所有的资产，为党和国家发展提供了物质保障。

按照资产类别，行政性国有资产分为专用资产和通用资产。专用资产因技术性较强，为提高资产使用效率，管理权多交于占有和使用该资产的部门；而诸如房屋、车辆等通用资产则可通过集中的方式管理，便于充分了解资产使用信息和进行资产调剂以优化资产的存量配置，政府公物仓建设为目前盘活存量资产、节约行政经费的一种有效途径。政府公物仓提供了一个资产共享和调剂平台，可对政府周转闲置、超标、低效运转、可修复性使用等资产进行统一管理，以实现资源的经济节约、降低政府运行保障的整体成本。[①] 实践中，随着大数据时代的到来，2014 年起，地方政府相继探索公物仓的数字化平台即“虚拟公物仓”建设。[②] 2020 年 5 月，国家机关事务管理局印发的《关于开展中央行政事业单位政府公物仓试点工作的通知》明确，在中央行政事业单位“启用公物仓信息平台，实现资产信息发布、资产详情展示、申请调剂、确定调剂意向、生成资产交接凭证等事项的线上办理”。然而，目前的公物仓数字平台建设依然存在两个问题。一是供给有限，政府各部门入仓的闲置资产种类较少，难以满足部门需求，加上有些部门不愿意用“二手资产”，最终资产配置仍旧通过政府采购获取。二是制度壁垒，目前的行政性资产管理体制是一级政府设置一个部门主管资产调剂，尚未形成纵向间的政府资产管理体制，公物仓也基本上在同级政府的不同部门间调剂，无法进行更大范围的资产配置，且有些部门不愿意公开全部资产信息，这些均加剧了供给不足的情况。总之，目前的公物仓平台存在供给与需求不匹配的问题，行政性国有资产供给侧结构性不足导致需求尤其是各部门的即时性需求难以保证，平台优势没有充分发挥，存量资产配置未能通过公物仓完全实现。

C 市机关事务管理局在国家机关事务管理局与 S 省委和省政府的统一部署下，较早进行了虚拟公物仓建设，目前也是各省市公物

① 王佃利，王文婷．集中统一视角下的政府运行保障平台：政府公物仓建设的实践探索与逻辑［J］．中国行政管理，2022（6）：33-40.

② 王佃利，王文婷．集中统一视角下的政府运行保障平台：政府公物仓建设的实践探索与逻辑［J］．中国行政管理，2022（6）：33-40.

仓平台建设的蓝本，具有示范性。同时，C市政府虚拟公物仓已运行近六年，在提高行政性国有资产配置中效能显著，具有典型性。具体来说，2017年起，C市机关事务管理局就开始开发公物仓的数字化管理系统，通过网络化平台将行政性国有资产尤其是各部门的闲置通用资产和社会资源同时整合进公物仓，为政府部门提供与供应商直接对接洽谈的平台，实现供给侧的扩容。2020年，C市管理局进一步发挥平台的功能优势，将虚拟公物仓升级为现代公物仓，进一步改变供给侧结构和供给方式，实现了供需匹配的同时，提高了供需双方对接的便捷度。本部分的分析对象为改良过的现代公物仓。

C市现代公物仓平台在组织边界结构纵向扩展上首先体现为供给侧结构性改革。从供给侧拓宽"公物"和公物供给者的范畴。因存在保管成本高、物品损耗大等问题，C市机关事务管理局将实体公物仓升级为虚拟仓，但虚拟公物仓的供给方仅限于本市供应商，供给的产品只包括办公家具、电器设备等特定的办公类物资设备。"过去虚拟公物仓严控商家，我们通过自己招标，招一些供应商，如办公家具找3家，办公设备找3家，耗材找3家，再放在平台上，平台的作用很有限。"① 现代公物仓在此基础上进行扩容，"我们制定一个标准，如办公家具，标准包括厂商的资本、成立年代、工程案例、商品材质、国标或是欧标。标准定出来后，符合标准的都可以进来，方便用户的选择和充分比价。这不是一个'库'的概念，

① 根据2021年4月访谈资料整理。

而是一个‘开放式平台’”①。现代公物仓平台供给方从本市供应商扩展到50余家上市公司以及多个区（市）县境内的代表性产业，以满足更多需求方的资产需求。“公物”种类除通用办公设备外，也增加了相应的保障性服务，如公物的日常维修服务，资产在租赁保障期间，供应商会及时提供维修服务、技术指导和咨询。此外，保障性服务还包括公务用车定点加油、维修、保险服务，家政服务，搬家配送，会务服务等传统项目；引入“安全无纸化会议系统”“碳中和服务”等资源节约型产品；提供环境交易服务；物联网云平台服务；建筑节能改造服务等项目，还帮助宣传地方的特色产业和文化，这些都意味着“公物”的范畴开始从行政资源向社会资源扩容。供给方式上除购买外，增加了“租赁”模式。我们认为，有些东西如长久办公的、大型的物件，这个可以买，但临时使用的，就没有必要去买了，买的话财政资金消耗太大。比如，搞个庆典活动，需要一块大屏，还有一些特殊标准的国际会议设备，都只用一次，在公物仓平台上租更节省资金，还可以附加安装、现场调试、维修等服务。还有一些部门要临时借调人员，这些人的办公设备也可以通过租赁解决。②

资产租赁从本质上来说是所有权与使用权分离的共享经济思想在行政事业性资产配置中的具体应用。对供给方来说，通过在特定时间内让渡物品的使用权或提供服务，可获得一定的租金回报。对

① 根据2021年4月访谈资料整理。

② 根据2021年4月访谈资料整理。

需求方而言，不直接拥有物品的所有权，而是通过租、借等共享的方式使用物品，满足了即时性需求。通过租赁而非购买的方式从整体上看也可节约行政支出。

其次，随着供给方的扩容和供给方式的革新，现代公物仓在需求方的系统架构设计上打破省份、地区等地域限制，使平台从为C市的政府部门，扩展到为全国党政机关，甚至为社会公众的需求服务。“我们的平台不仅仅是针对行政事业，我们面向的是整个B端客户，有些国企或者社会企业、上市公司需要一些高端的产品，在我们的平台上都可以实现。目前，不仅当地政府部门在使用这个平台，还有驻蓉机构，包括韩国领事馆等，还有本地企业也在用。”① （见图5-1）。

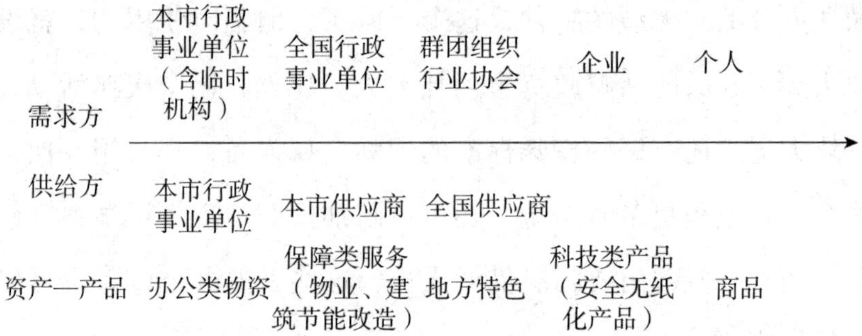

图5-1　公物仓平台结构设计

需要说明的是，因为涉及政府资产，有些部门资产具有保密性，因而平台的开放是有限度的，有限性体现在数据的开放程度上，政府与外部数据通道并不完全开放。在政府公物仓中，体现为C市机

① 根据2021年4月访谈资料整理。

关事务管理局目前设计了对内和对外两个政府公物仓的版本，对应不同的访问权限和功能特征。“对内政府版”有两个模块，一是对政府各部门闲置资产进行盘点并在网站平台上共享库存信息。二是以行政事业单位各部门为需求方，从已中标的供应商中租赁合适的物资。供应商需要在前期进行招投标，与政府签订一定期限的合作合同，以保证政府后勤物资供给的连续性和稳定性。“对外公众版”不仅对于供应商更加开放，对于需求方也更加开放，社会中各大供应商只要在虚拟公物仓平台入驻，就可为广大企业和个人提供各类物资租赁服务。对外版是一个集成化信息平台，具体交易供需由双方自行协商。

二、统一平台的保障机制

建立区域性市场乃至全国统一的政府运行保障市场和平台，首先需要设置统一的资产标准和服务标准，其次需要引入数字化和人工智能技术。

（一）标准化

标准化是指在经济、技术、科学和管理等社会实践中，对重复性的事物和概念，通过制定、发布和实施标准达到统一，以获得最佳秩序和社会效益。标准化管理是组织现代生产的重要手段，在经济社会各领域广泛运用。建设统一市场和平台的前提就是对资产和服务进行标准化管理，这是实现保障服务规范化的重要基础。

（二）数字化

数字化应用于各级政府运行保障统一平台的构建体现为资产和

服务采用平台化招标方式，即将多个供应商纳入平台管理，再通过平台进行招标采购；各政府部门通过平台系统下单，并接受审核。同时也可逐步推动地方与中央信息一体化。例如，国家的数据平台可以对接省市县的数据平台，所有用户采用同一个APP访问机关事务平台的服务器，最终通过数据整合推动体制调整。

本章小结

行政权力与组织体系在结构维度的变化形式包括权力的横向配置与权力的纵向配置两方面，二者分别涉及同一政府层级中权力依据内容的划分以及不同政府层级间的权力划分。同一政府层级的横向权力配置实际上涉及政府职能的专业化分工，行政权力是一切行政管理工作的生命线，是行政职能的来源和基本条件，因此，行政权力的横向配置实则表现为政府行政职能的横向配置。不同层级间的权力划分反映的是中央与地方之间的关系。① 纵向政府间关系是当代中国政府治理的基础性制度安排。如何构建权责清晰、运行顺畅的纵向政府间关系，是推进中国式现代化的重要议题。

在政府运行保障体系的组织内部结构中，纵向层面的政府间关联主要体现为一种指导性的互动模式，而非直接的垂直管控。尽管下级政府机关事务管理单位需严格遵循党中央与国务院颁布的各项

① 姚清晨，郁俊莉．嵌入与变构：数字化技术重塑政府治理体系的逻辑及其基层困境[J]．甘肃行政学院学报，2021（5）：41-52，126.

法律法规，但在其内部组织架构的设立上，包括内部机构的设置及职能分配，均展现出从中央至地方层级间“职能差异化配置”的显著特征，即各层级在职责分工上呈现出一定的异构性。又因机关事务管理部门的核心职责在于为同级政府内的各个部门提供机关事务的全方位支持，这导致了即便是处于同一行政级别的机关事务管理部门，它们在具体的保障范围和服务职能上也会因各自环境而有所差异，展现出各自独特的职能范围和侧重点。在数字政府兴起之前，政府层级间的资产与服务共享机制尚属空白，导致中央与地方在机关事务上的协同与信息交流困难重重。以行政性国有资产管理为例，缺乏跨部门和跨层级的资产管理协作，使得资产难以灵活调配，部门往往倾向于新增采购而非内部调剂，无形中抬高了行政费用。此外，地方政府作为具有经济理性的独立实体，其自利倾向可能促使它们为追求自身利益最大化，如财政收益与投资扩张，利用信息不对称隐瞒实情，从而引发地方保护主义、寻租行为及资产管理监管不力等问题，严重时将危及国有资产安全，造成资产流失。步入数字治理时代，大数据、云计算及人工智能大模型等前沿技术的融入，为重塑纵向政府间关系注入了强大动力。这些技术有效缓解了政府层级间的信息壁垒，不仅推动了资源向更高层次整合并在全国范围内自由流动，强化了中央政府的信息掌控与监管效能，还促进了基于具体情境的、精细化的治理责任界定，使得对各级政府的激励与问责机制更加精准有效，实现了纵向政府间治理效能的显著提升。

在政府运行保障体系的组织边界结构中，作为资产管理制度一部分的公物仓全国一张网建设提高了跨层级服务保障质效，注入协同辐射带动作用新能量。一是构建全国一张网，在行政系统内部首先实现了跨层级服务保障。公物仓系统覆盖了从国家到省、市、县的多个层级，实现中央与地方闲置资产信息的互联互通与跨区域调剂。二是市场化服务保障与区域资源共享促进统一市场建设。在为纳入虚拟公物仓平台的企业设置企业资本、成立时间、工程案例、商品材质等统一准入标准的基础上，将供应商的范围从一个区域扩展到全国。在方便政府选择和充分比价，促进资产配置中供给侧结构性优化的同时，带动引领服务保障配套产业链、相关供应链、对应创新链的提质升级与深度融合，实现了服务保障要素的自由流通与充分竞争，加速构建稳定、公平、透明且可预期的市场环境。

结论与讨论

一、结论：新中国成立以来政府运行保障体系组织结构的变迁历程

国家向社会提供公共产品和公共服务，同时国家机关也需要物质资源即相关的产品和服务维护自身的运行，这些物质资源包括办公用房、公务用车、机关用地、通用办公设备家具、差旅、公务接待、餐饮服务等，一般将其统称为“机关事务”。那么机关事务管理即公权力机关对维系自身运行的物质要素的供给与管理。我们将对行政机关正常运行所需经费、资产、服务、能源、资源等进行统筹配置，将为行政机关履行职责提供保障的行政活动视为政府运行保障。国家对政府运行保障和管理需要委托相关的部门，在我国这一部门为机关事务管理部门。如果说公法是行政机关作为分配者对社会各种利益、资源进行分配调整，那么政府运行保障实质上就是机关事务管理部门作为国家与机关间的媒介，对经费、资产以及服务等各种资源与利益在党政机关各部门之间进行调整与分配的行政活动。

相较于国家对社会提供的公共服务，政府运行保障因主要统筹政府所需物质资源而具有一定的特殊性，因而自成体系。组织结构是政府运行保障体系的重要因素。本书将政府运行保障体系的组织结构区分为组织内部结构和组织边界结构两部分分别进行讨论。组织内部结构指政府运行保障体制中相关权力主体的权责划分，包括纵向组织关系，即中央到地方各级机关事务管理部门间的层级关系；横向关系，即同一层级不同治理主体间的关系，如机关事务管理部门与财政部、国土资源部（现自然资源部）、住建部的协同关系，以及机关事务主管部门与其他政府部门在政府运行保障相关事务性工作中的管理与被管理、保障与被保障的关系。组织边界结构指机关事务管理部门（行政单位）与为其提供服务的组织（事业单位或企业等市场主体）间关系，即后勤服务体制。同时，政府运行保障体系作为行政系统中的一个子系统，其变迁受到多重制度环境的影响，依照范围从大到小依次包括社会经济系统、政治系统、行政系统（见图 1）。制度环境中任一要素的变动均会引起政府运行保障体系及其组织结构的变化，这在本书的每一章中均有详细的介绍。

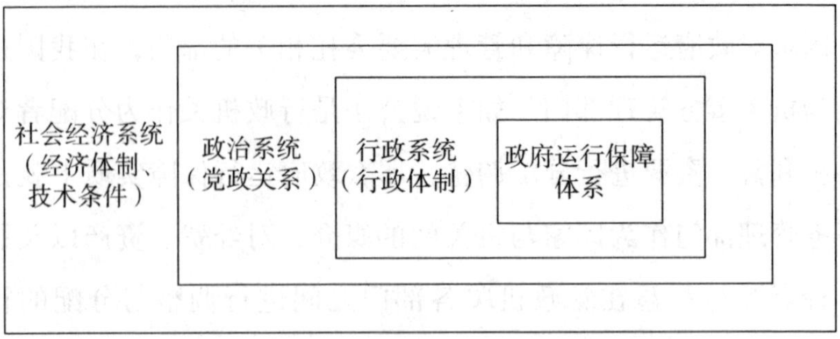

图 1　政府运行保障体系变革的制度环境

（一）1949—1978 年：组织内部结构的确立

在计划经济时期，政府管理特点是社会各类组织都转变为单位制，社会个人和家庭通过社会福利计划予以保障，生产和分配按照计划管理进行。在这个意义上，无论是人民代表大会及其产生的政府、法院和检察院等国家机关组织，还是党组织、工会、共青团和妇联组织，也包括政协及民主党派组织，都是社会主义计划经济体制下的单位，它们和企业单位、事业单位一样，都是计划经济中的单元。在这个意义上，实际上并不存在特别的政府运行保障，而是全社会的各类组织的运行都是需要保障的。[①] 因而，1949—1978 年间的政府运行保障管理模式可看作一种粗放式的集中管理体制，政府运行所需的经费、资产和后勤服务的来源基本依赖于国家计划拨款和所办经济实体的产出，且绝大多数机关都有自己的后勤服务部门，自办后勤模式强调服务保障多于经济核算，对后勤的投入产出和成本没有考核要求。

这一时期政府运行保障体系组织内部结构明确，为此后的改革奠定了基础。一是成立了专门的机构。新中国成立初期，涉及机关事务工作包括典礼宴请的部分服务工作、政府委员与政务委员的公馆事务等，分别由中央人民政府办公厅下属行政处（也称总务处）、政务院秘书厅设立的总务处、中央人民政府典礼局、外交部等机构负责。多部门管理，责任主体不明晰，随着中央机构设置的系统化，

① 高鹏程．当前中国机关事务管理研究中的前沿问题：资产管理、层空关系和集中统一方式［J］．理论与改革，2020（1）：100-109.

建立一个专门管理机关事务工作的机构迫在眉睫。1950 年 12 月 8 日，中央人民政府政务院召开第 62 次政务会议，正式通过成立中央人民政府政务院机关事务管理局（以下简称政务院管理局）。下设办公室、总务处、财务处、供给处、交际处、人事处、警卫处、生产管理处八个职能部门，余心清为首任局长。① 政务院管理局的成立，标志着机关事务工作正式以独立机构的方式运行。二是确立机构职能。首先将秘书工作与机关事务工作分离。1951 年 4 月，政务院召开第一次全国秘书长会议，通过了《关于各级政府机关秘书长和不设秘书长的办公厅主任的工作任务和秘书工作机构的决定》，首次对政务院秘书厅的工作任务和工作性质进行了明确阐述，即要协助领导搞好政务和事务，从而正式将秘书业务、研究工作和机关事务工作划分开来。② 此后，“政务与事务分开”成为政府工作的一项基本原则。其次是职能扩容。1953 年 9 月，为适应国家经济建设形势，政务院调整了财政经济委员会的职能，并将其第二办公室的部分内设机构与政务院管理局合并，组建中央人民政府机关事务管理局。批准《关于扩大管理局业务范围的初步意见》，进行职能扩容，增加了中央一级各部门办公用房管理，会议服务，原属财政部掌管的中央一级（包括大区）政府、党派、团体的行政经费管理等职能，以及协助处理专家招待事务管理局（国务院外国专家局前身）的相关工作。1954 年 11 月 8 日，第一届全国人大常委会第二次会议批准设

① 白振刚．齐燕铭与国家机关事务管理工作［J］．纵横，2007（11）：35-38.

② 国务院法制局．中华人民共和国现行法规汇编（1949—1985）：政法卷、军事卷及其他卷［M］．北京：人民出版社，1987：401-402.

立国务院机关事务管理局，将其列为国务院的直属机构，主管中央国家机关事务工作。这次会议提出了机关事务管理职能设置的总原则："将中央一级各单位的行政事务工作能集中管理的都集中管理起来，这样做，不仅可以节省国家经费开支，更重要的是符合社会主义管理原则。因此，要从政治出发，全面负责，全面考虑管理工作。"①

至于组织边界结构，1955 年有过一次讨论。为贯彻国务院《关于紧缩国家机关人员编制问题的报告》精神，国务院机关事务管理局提交了《关于国家机关事务工作改革方向的报告》，建议把机关事务部门缩小，只管与机关办公直接有关的事务。属于工作人员食、住、行、医等生活福利方面的问题应逐步由所在城市的社会服务部门去统一筹划、办理。在管理办法上，改变带有供给制性质的制度，实行企业经营方法，在收费标准上照顾到机关工作人员的工资水平。但由于客观条件还不成熟，未能实施。因而，新中国成立以来一直到改革开放前，政府所需的物质保障均是由国家通过自我生产提供。

（二）1978—1998 年：组织边界结构调整

1978 年改革开放后，我国开始了从计划经济向社会主义市场经济的转型。为适应这一制度环境的变化，行政体制也进行了相应的改革：一是编制约束，尤其是 20 世纪 90 年代末的机构改革，编制的确立遵照"三定"原则，即"定职能""定机构"与"定编制"。此后，政府部门"瘦身"、控编成为机构改革的主基调。二是部门分

---

① 参见白振刚．我国机关事务的历史沿革［J］．中国行政管理，1997（4）；白振刚．周恩来与机关事务管理［J］．中国行政管理，1998（3）．

工日渐精细化、专业化和规范化，部门间、层级间的沟通越发强调制度性和程序性。基于此，政府运行保障体系组织结构也开始了机构精简的改革。变革始于组织边界结构，即将政府运行保障中涉及后勤服务的部分分离出去，向市场化方向改革。1989 年 3 月，《关于中央国家机关后勤体制改革的意见》（国机中编〔1989〕7 号）指出，机关后勤体制改革的最终目标是实现后勤服务工作社会化。当前机关后勤体制改革的任务一是机关后勤工作可以分解为行政管理职能和服务职能两部分，把后勤服务人员的编制同机关的行政编制分开，承担行政管理职能的人员仍为行政编制，承担服务职能的人员列为行政附属编制。[①] 此后，1993 年《国务院各部门后勤机构改革实施意见》（中编办〔1993〕33 号）和 1998 年《关于深化国务院各部门机关后勤体制改革的意见》（国办发〔1998〕147 号）两份文件为后勤服务中心的角色定位、机构设置、编制管理、经费预算和结算提供了具体操作方法。主要思路是设立机关服务中心将服务外置，以达到机构精简的行政体制改革要求（见图 2）。

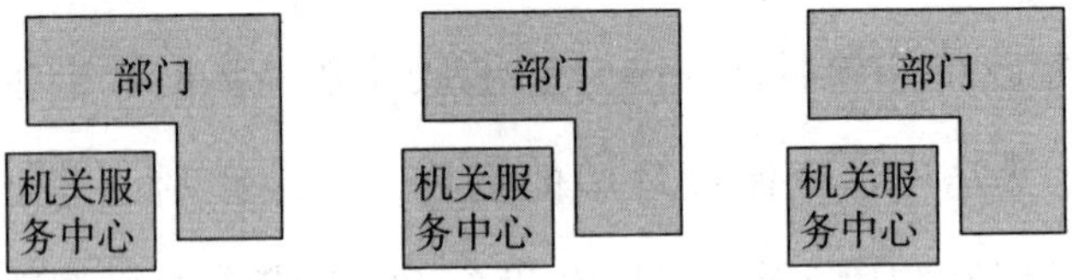

图 2　政府运行保障体系组织边界结构调整

① 深化机关后勤服务化改革 提高管理服务保障能力：中央国家机关后勤服务社会化改革 30 年回顾与展望［J］. 中国机关后勤，2008（12）：9-11.

（三）1998—2012 年：组织内部结构转型

“机关后勤单位转成机关服务中心，人员行政编制转成事业编制”的改革模式在后勤服务与行政机关的平稳分离中发挥了有效作用，但这是一种不彻底的改革，是政府机构在减员分流时的一种途径，而不是完全的社会化改革模式。同时，为了减轻财政负担，国家将办公用房一类固定资产以及其他通用资产所有权归属政府各部门，并允许政府将部分闲置房屋和办公设备对外出租，开展创收。一时间政府部门资产产权多样，部门成为资产的所有者。在国库集中收付制度未建立的情况下，资产出租经费也被收入部门账户，成为“预算外资金”的一部分，各部门有权自行支配。政府各部门在政府运行保障领域是各自资源配置的主体，国家统一管理主体缺位和标准缺失的分散管理型体制也使得资源使用监管体制无法建立，资源配置充满了随意性，各部门服务保障差异化明显。因而，从1998 年开始，在行政体制改革“机构精简、职能优化”的要求下，与预算改革相适应，政府运行保障体系组织内部结构开始了从分散向集中的改革。

一是经费的集中。1998 年，政府预算开始以部门为基础进行编制，并取消各部门的预算外收入，规定部门所有收入均需来自财政拨款，由财政统一配置，机关运行保障经费作为部门预算的一部分也一并纳入预算管理，此后政府各部门需要从国家（财政部门）统一获取，即经费来源集中。1998 年“三定方案”中规定国家机关事务管理局的职责包括中央国家机关行政经费、社会保障经费、职工住房补贴经费和行政机关事业经费的预算管理；中央级公检法机关经费的预算管理；后勤服务单位的财务管理；中央国家机关行政会计事务工作；制定财务管理和会计工作的规章制度并监督执行。1999 年建立了机关与后勤服务单位的服务商品交换关系。2000 年印发了《关于在中央国家建立机关后勤服务费用结算制度的意见》，确定了结算原则、项目和方法。2001 年国家计委印发了《关于中央国家机关办公楼（区）物业管理服务收费的指导意见》，明确办公楼（区）物业管理服务项目、内容、费用构成、收费原则和要求等；同时，财政部也将机关物业管理费纳入部门预算基本支出项目，使办公楼物业管理费有了正常经费来源渠道。2002 年印发了《中央国家机关办公楼（区）物业管理服务基本项目收费参考标准》，为办公楼（区）物业管理费预算和服务费用结算提供了参考依据。

二是资产管理主体与标准统一。国家将行政性资产权属从政府各部门收归国有，产权统一登记在同级政府的机关事务管理部门（有些省市登记在财政部门），即资产获取主体统一。1998 年政府机构改革后，根据国务院机构改革方案，国家国有资本金（经营性国有资产）管理的职能划归财政部，行政性国有资产的管理职能划归负责中央政府事务性工作的国务院机关事务管理局，行政性国有资产管理进入了职能化管理阶段。财政部负责制定政府公共财产管理制度；在财政部指导下，国管局对中央机关行政单位国有资产（政府公共财产）实施预算、购建、产权、处置、调剂、统计、绩效评价等管理；占有、使用单位负责资产日常入账、登记、维修及有效使用，其中包括组织实施政府采购（统一采购在国务院系统试行）；

审批汽车的编制、配备、更新、报废；办公用房和附属配套设施的建设和改造；审计、监察部门负责监督资产的安全和完整；实行企业化管理的事业单位自主经营。2001 年的《关于改进和加强中央国家机关办公用房管理的意见》、2007 年的《关于进一步严格控制党政机关办公楼等楼堂馆所建设问题的通知》两份文件加强了国家对办公用房的集中管理。2002 年 10 月成立了中央国家机关政府采购中心，负责制定集中采购的具体操作方案并组织实施，统一了通用资产的采购，这意味着通用资产管理经费标准的设立。2004 年起，开始积极推进和扩大采购规模，并推行政府采购资金集中支付、办公用品定点采购制度。2005 年 7 月，实行办公家具的定点采购和管理，规定使用财政性资金采购 120 万元以下的办公家具，均应在中央国家机关政府采购中心招标确定的 30 家定点供应商处采购（见图 3、图 4）。

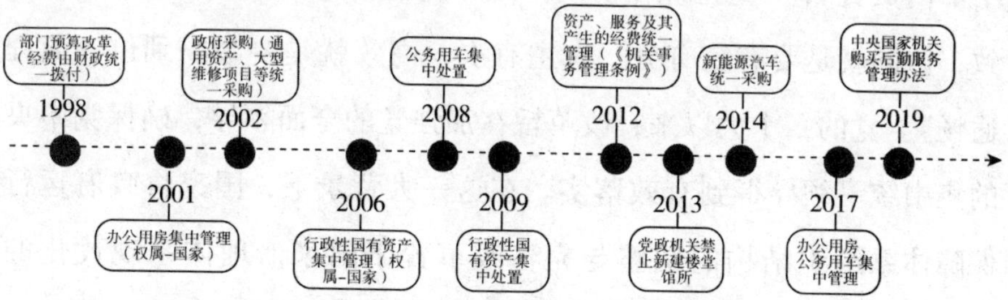

图 3　1998 年以来政府运行保障主体（包括资源获取和配置主体）统一过程

（四）2012 年至今：组织结构调整与完善

按照现代政治的观念，保障政府运转的资源因其源于公共财政而具有“公有”属性，对其使用的限制和监督自 2012 年起逐渐成为

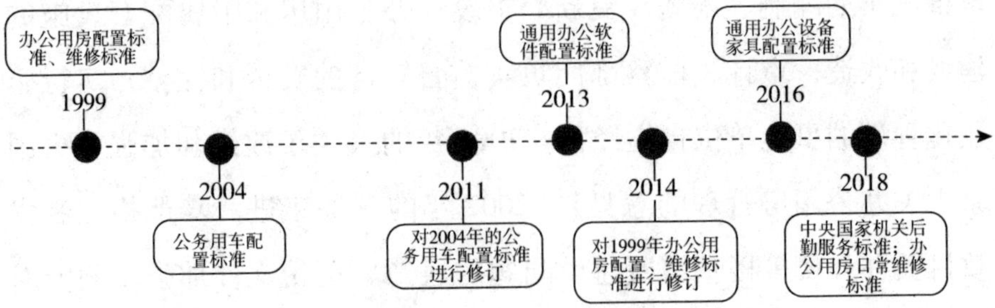

图 4　1998 年以来政府运行保障制度（标准）统一过程

社会关注的焦点。此外，党的十八大以来“行政权力减量改革”与职能优化也对政府运行保障体系的组织结构提出了新的要求。党的十八大提出“严格控制机构编制，减少领导职数，降低行政成本”。党的十八届三中全会提出了“推进国家治理体系和治理能力现代化”总目标。党的十九届三中全会提出“优化党和国家机构设置和职能配置，坚持一类事项原则上由一个部门统筹、一件事情原则上由一个部门负责”；“坚持优化协同高效，优化就是要科学合理、权责一致，协同就是要有统有分、有主有次，高效就是要履职到位、流程通畅”。党的二十大以来，改革旨在加强党的全面领导，确保党中央的集中统一领导得到有效落实。在这一大背景下，国家将政府运行保障体系组织结构的调整与完善改革置于国家治理体系现代化的层面。

在组织内部结构方面，一是将对行政性资源的管理纳入党的政治和纪律建设。2012 年 12 月出台的《中共中央政治局关于改进工作作风、密切联系群众的八项规定》、2013 年 7 月《关于党政机关停止新建楼堂馆所和清理办公用房的通知》、2013 年 11 月《党政机关厉行节约反对浪费条例》、2023 年 12 月《中国共产党纪律处分条例》中均涉及对政府运行保障中办公用房、公务用车、公务出行、公务接待等相关事项的监管。二是机构精简。要求一级政府设立一个机关事务管理部门，通过部门间联合的方式减少机关事务管理部门总数量，以压缩机构规模（见图 5）。这一改革在当时被称为“机关事务集中统一管理”。

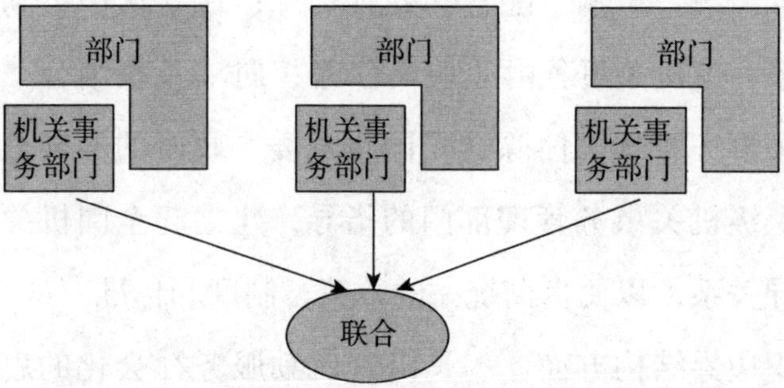

图 5　政府运行保障体系组织机构调整

集中统一管理，即一级政府由统一的机构对机关事务进行管理后，就涉及一个问题：同级政府各部门与机关事务管理部门的关系。一是在涉及资产、经费、后勤服务等具体事项中，机关事务管理部门与政府各部门的权责划分；二是机关事务管理部门如何提供更便捷的“一站式”对接与服务。第一个问题的解决需要进行管理权限的划分并从制度上加以确立。第二个问题则需要创造相应的机制。目前各地采取机关事务管理部门搭建界面的方式与政府各部门对接，这类界面有些是组织界面，即在机关事务管理部门内设立一个对接政府各部门的专门机构，也有一些采取了数字化形式搭建数字界面，

"一站式"处理政府运行保障相关事务。同时，这一时期在纵向关系上有一个很大的变化，就是机关事务由"块块管理"向"条块结合"的转变，建立了自上而下的管理体制。

综上，政府运行保障体系的组织内部结构方面探索职能有机统一的大部门管理体制，将各级党政机关分散掌握的机关事务管理职能进行剥离，集中到一个专门的部门统一事权，并实行统一的政策、制度、标准，统一采购、配置和处置资源；建立从中央到地方的业务指导关系，使机关事务由"块块管理"向"条块结合"转变，同时明确机关事务管理部门除接受同级党委、政府的领导外，在业务上还接受上级机关事务管理部门的指导，建立起全国机关事务系统的行业指导关系，以便贯彻统一的政策、制度和标准。

在组织边界结构方面，一是沿着后勤服务社会化的思路，集中需求端（政府各部门）。将后勤服务部门与政府组织的关系从科层制的组织关系向着市场化的合同关系转移。将各部门原后勤服务部门集中至机关事务管理部门，由其进行统一改组，成立政府统一的机关服务中心，负责服务的采购、管理和考核等工作，并将各部门相关资产集中，成立餐饮和物业、会务服务等相关企业，在继续为政府提供服务保障的同时也参与市场竞争。二是依靠数字技术，集中供给端（政府各部门的闲置资产和市场上的供应商及其产品），集中后由机关事务管理部门进行专业化管理（包括资格审核、招标等），通过数字平台让资产和服务与资产的使用者即政府各部门直接联结。同时，在政府的闲置资产得到充分使用的同时，补充市场租赁服务，让供需双方同时获益。

二、讨论：国家能力视角下政府运行保障体系组织结构变革

本书主要从权力关系视角探讨政府运行保障体系组织内部结构的变革，但作为一个重要的行政管理体制，政府运行保障体系的组织变革也会影响到整体的政治体系乃至国家能力的变化，本书的最后将从国家能力视角对这一问题进行分析。政府运行保障涉及的行为主体和行为对象都是行政机关，管理主体与对象之间的关系是基于行政职务所形成的内部行政法律关系。但同时，一方面，国家与部门间的行政性资源分配方式影响着国家与政府间关系；另一方面，随着时间和条件的变化，尤其是随着社会主义市场经济体制的完善和行政体制改革的深入，政府运行保障也越来越具有外部行政行为的特征。例如，随着后勤服务社会化，从行为主体看，机关事务管理涉及购买服务的市场主体；从行为内容上看，涉及市场主体和社会主体的权利义务关系；从法律效果上看，也涉及市场和社会主体所享有的法律权利和义务。且政府运行保障的经费源于公共财政，资产具有公有属性，其管理方式和体制设计涉及国家与市场、社会的关系。相较于此前的研究将政府运行保障认定为“政府内部行政行为”，此后我们更需要从国家治理体系和治理能力现代化的角度去理解和研究政府运行保障体系。

政府由于其自身并不直接参与社会再生产活动，其用于自身保障的资产和服务及其产生的经费均源于公共财政而具有公有属性，因而政府运行保障体制建设对国家能力具有重要影响。若将行政性

资源的权属和分配权力从政府各部门集中至国家，并由国家委托专门部门统一配置，可以使国家得以作为一个整体统一调配行政资源，助力提升国家对这部分资源的汲取能力。同时，机关行政性资源的管理是一切国家和社会公平与效率秩序的起点，其中既包括机关行政单位之间的公平，也包括机关行政单位与社会其他组织之间实际占有国有资产之间的公平，若设置统一的管理主体和统一的制度标准，则可促进部门间行政资源占有和使用的均等化，割断资产与各部门间的利益纽带，加强政府的内聚力，提升国家能力。因此，笔者试图构建一个政府运行保障体系与国家能力的分析框架。

（一）政府运行保障体系与国家能力：一个框架建构

国家能力是为实现国家意志和完成国家任务而汲取、动员和配置人力、物力、财力的能力①，它是现代国家建设和发展的基础。研究中，国家能力多特指中央政府的能力。西方现代国家建构的主要威胁来自教会、贵族等社会势力，提高国家能力要借助统一的中央权力机构向社会渗透，汲取社会资源，将分散于地方势力的权力集中，因而西方的国家能力理论更多关注国家相对社会的自主性问题。不同于西方现代化过程中“强化国家外部整合能力—提高国家能力”的路径，中国国家能力的影响因素多来自国家内部政策执行代理人②，如地方政府，国家能力的提高需更多关注代理人的行为模式，遵循“强化国家内部整合能力—提高国家能力”的路径。政府运行

① 王绍光，胡鞍钢．中国国家能力报告［M］．沈阳：辽宁人民出版社，1993：1.

② 周黎安．行政发包制与中国特色的国家能力［J］．开放时代，2022（4）：28-50，5-6.

保障体系就依循了“强化国家内部整合能力—提高国家能力”路径。如果将政府运行保障看作对行政性资源的配置，那么保障政府运行的物质资源由国家委托统一机构管理还是由政府各部门自行管理、是否在管理的各环节设置统一制度和标准会形成不同的分配体制，调整着国家利益与部门利益间的关系，进而影响国家能力。

分散的政府运行保障组织结构指政府所需物质资源由各部门自行保障和管理。这不仅容易造成行政资产和经费的滥用和浪费，弱化国家的汲取能力，还在客观上强化了部门利益。组织结构从分散向集中转型即“抽取原属于政府各部门‘小而全’的行政性资源，将各部门的‘自留地’（办公用房、公务用车、培训中心、机关食堂、幼儿园等资产）转化为统一的‘公地’”①，并对“公地”进行集中统一管理的过程。资源的集中获取使得国家得以作为一个整体，即行政性资源的所有者统一调配行政资源，提升国家对这部分资源的汲取能力。集中配置，设置单一的配置主体和统一的标准，割断行政性资源与各部门间的利益纽带，限制因此而产生的部门利益扩张，建立和发挥财政预算支出的主渠道作用，提升国家对这部分资源的汲取能力。此外，国家结构的内聚力也是衡量国家能力的指标之一，国家结构内聚力指系统内部各个元素之间的凝聚力量，它衡量了系统内部各个元素之间的联系和相互作用程度。相似性和平等是一种常用反映内聚力的指标，若系统内各个元素之间的相似性大，则内聚力强。因而，若政府部门间行政资源的均等化程度增

① 燕继荣．条块分割及其治理［J］．西华师范大学学报（哲学社会科学版），2022（1）：1-6.

加，理论上可加强国家结构的内聚力，亦可促进国家能力的提升。总之，政府运行保障体系组织结构通过影响国家与政府间关系影响国家汲取能力，通过调节政府各部门间关系影响国家结构的内聚力（见图5）。

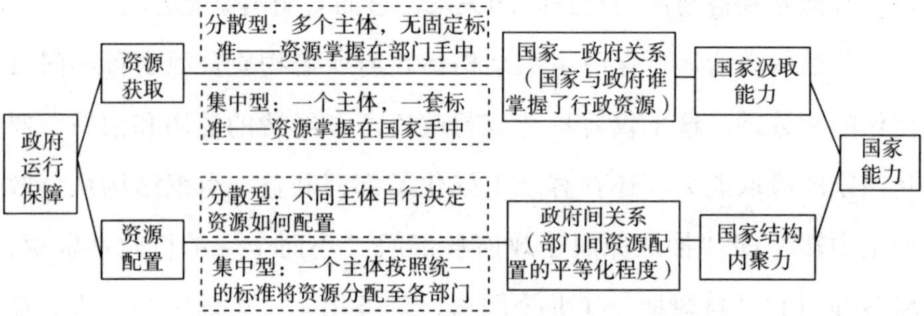

图5　政府运行保障体制与国家能力关系的分析性框架

我国政府运行保障体系组织结构经历了分散管理向集中管理转型。自1978年改革开放至1998年前后的组织边界结构调整可以视为国家为减轻财政负担，弥补单位的经费不足，鼓励政府将后勤服务进行社会化改革，在这过程中出现了一些政府出售资产创收的经济行动，政府各部门资产也出现了产权主体多元的情况，且长期以来，各级政府的办公设施设备主要由各部门自行购置，缺乏统一的资产配置标准，导致单位、部门之间国有资产分配不合理、不均等。资源获取主体分散，行政性资产产权归口于各部门；机关运行经费由国家一揽子拨付给部门，且部门还不同程度地掌握由资产出租和服务中心盈利所得的预算外资金，政府运行保障的物质资源掌握在部门手中。同时，资源分配主体分散且标准缺失，因为资产产权属于部门，所以各部门有对资产的使用、经营和处置的权力；在设有政府采购和预算管理以及固定在政府运行保障相关领域分配不健全的情况下，虽有公用经费（办公费、水电费、修理费、燃料费、采项费）的粗略标准，但没有对各部门公用经费预算和决算的管理权限，因而每个部门在机关运行经费支出上也是自负盈亏、自行支配的状态。分散型的政府运行保障分配体制削弱了国家汲取能力和控制能力。

首先需要明确的是，政府运行保障所需的行政事业性资产和经费都是财政拨款，属全民所有。但由于当时没有统一的机构进行管理，国家无法掌握行政性资源的总量。一是资产流失。统一的资产配置制度和标准缺失也使得各种行政性资产在转向经营领域时出现产权变更，或资产收益进入部门账户。二是经费浪费。行政经费下拨至部门，资产及其收益也由各部门掌握。以省级层面为例，黑龙江某市行政事业单位开办的企业，汇入财政决算的资产总值为 344 万元，仅占其实际占用量的 32.9%，预算内外的资产存量比值为 1∶2.04；有些主管部门及其企业为增加创收，背离原定的开办性质，利用国有资产擅自扩大经营范围，所得收益相当一部分用于发放奖金，或私自将资产低价或无偿转让给其他单位或个人。① 国家对这类资源的汲取和控制能力减弱，甚至出现严重的国有资产流失。

其次，分散型的分配体制削弱了国家结构的内聚力。资源是权力的基础，任何一个政治共同体的存续都依赖一定的物质资源。分

① 马遂良，马卓．关于加强行政事业单位更向使用国有资产管理问题的探讨［J］．经济研究参考，1992：（Z3）：487-493.

散的分配体制下，行政性资产和经费成了政府各部门的“自留地”，这些“自留地”在影响国家资源总量的同时，也成了部门利益的一部分。以办公用房为例，这一时期，很多部门办公用房不仅人均占用面积差异大，装修设备标准差异也非常悬殊。一方面，缺房单位不得不使用行政经费租房办公；另一方面，有的单位可以把多余房屋出租，谋取部门利益，私设小金库，拉大了部门利益分配不公的差距。例如，山东省级机关统一建设、分配、管理的单位办公楼人均建筑面积为20平方米，各厅局自建自管的办公用房人均面积50平方米，还有部分厅局仍住在20世纪五六十年代旧办公楼内，办公条件拥挤，而部分新成立或新调整的部门由于没有房产只能靠财政拨款在市场上租用高价办公用房。这种结构性差异造成了部门间的不平衡，甚至相互攀比。有些部门纷纷写报告申请资金建新办公楼，新楼一旦立项建设，不但超面积，而且装修标准越来越高。[①] 行政性资源使用的结构性差异不仅扩大了消费性资金不正常增长，更造成了分配不公，占有行政资源多的部门易成为强势部门，这种强弱之分弱化了政府间的内聚力，削弱了国家能力。

根据政治学基本理论，国家本身并不生产资源要素，所有物质资源均取之于社会，政府运行所需物质资源也同样来自社会，分散体制下虽然暂时性地减轻了国家的财政负担，但管理主体和标准的缺位，往往使得政府各部门在资源使用中缺少约束和监督，无法保证资源的使用出于公共利益，同时也为某些部门侵吞国有资产提供

① 王爽．机关行政性国有资产管理及市场化运作研究［D］．济南：山东师范大学，2008：14.

契机，从长远来看，最终会破坏国家的公共性以及社会对国家的信任。总之，资产和服务的分散式分配模式削弱了国家对行政性资产和经费的管理能力，亦造成政府各部门的内部差距以及某一部门自主性增强导致的政府内聚力下降的问题，一定程度上削弱了国家能力。

1998 年以来，组织内部结构开始调整，确立了集中统一的管理体制，逐步打破部门利益，一方面，机关运行经费纳入预算管理，房屋等资产出租收益、拆迁补偿收益等统一划入财政，而非各部门手中，财政收入增加；另一方面，资产和服务的归口管理，按照统一的标准配置和处置，节约了行政经费，集中办公区的建设和机构的精简也节约了人力成本，在提升国家汲取和控制行政资源能力的同时也改变了传统的“诸侯国”式的政府运行保障管理模式，将政府资产置于统一大市场的背景下，并有效遏制各部门无偿占有资产和自我扩张的冲动，体现政府内部的公平。党的十八大以来，随着民众对“三公经费”等行政支出问题的关注以及党中央在厉行节约反对浪费、建设节约型机关、规范党政机关办公用房和公务用车管理等多方面对政府运行保障工作提出的新要求，政府运行保障的集中型体制进一步完善。行政体制“大部门制”改革方向客观上要求政府运行保障领域设置专门机构并赋权，实现组织机构、权力和资源的集中，进一步强化国家对行政性资源的汲取和分配能力。政府运行保障集中分配体制对国家能力的积极意义表现在两方面。一是行政性资源集中获取提升了国家汲取能力。行政性资源的集中始于资产权属的集中管理和部门预算改革带来的经费集中管理。(1) 资产委托给一个部门管理，明确了政府各部门的行政资产归国家所有，而非部门的私产。以办公用房为例，在分散管理模式下，政府部门的房产入账情况不一，有的单位存在大量账外资产；在集中管理模式下，各级政府的机关事务管理局统一将所拥有的房产计入固定资产台账，没有账外资产，防止国有资产流失。同时，变资产分散配置和处置为集中配置、处置，可以实现资产在同级，甚至纵向间的调剂，减少经费支出，降低行政成本。（2）部门预算改革废止了预算外收入，统一了部门经费，其中就包括机关运行经费。由于目前的政府收支分类无法直接反映政府运行保障成本，而横向加总各部门从而获得机关运行经费的工作又没有专门的部门承担，这就为从机关运行经费角度研究国家汲取能力造成了困难。但我们仍可以从理论上进行说明：从国家的角度，资产的经营性收入集中至财政部门，相较于分散在各部门，亦可增加国家整体性财政收入；资产的集中采购和后勤服务的集中供给，形成规模效应，降低采购成本，进而节省行政经费；一级政府的多个部门的后勤机构合并成一个，节省人力成本，也起到行政经费节约的效果；加上资产集中配置后，行政性资产可在部门间调剂，很多部门办公用房不需要再出租，很多资产也不需要购买，也可节省总体的行政经费。节省的经费与经营性收益相加，国家这部分收入比分散管理时期增多，可证明国家汲取能力的提升。在省市一级，可以找到相对应的案例。1997 年，深圳市在对市办公用房委托市机关事务管理局实施统一管理后，每年为财政节约缺房单位的房租支出 3000 余万元，纠正了长期以来企业无偿占用行政资产行为。市财政每年收缴出租房收入 2700 万元作为机关物业管理费的重要来源，支持了办公房的维修和保养。①

二是行政性资源统一分配使得资源配置更加均等化，提升了国家结构内聚力。在统一的分配体制下，国家通过预算改革、政府采购，以及设置与行政机关所承担职责相匹配的实物资产定额、标准费用定额、财政预算定额三项配置标准，对各部门实行刚性预算管理，割断资产与各部门间的利益纽带，这也是一种被国际经验证明有效避免政府各部门多头扩张的制度安排。如此一来，行政资源的均等化分配，部门间行政资产和服务的标准相同，破除了部门间的苦乐不均和盲目攀比，更多保护了各部门物质资源的均衡性和公平性。以办公用房为例，在分散管理模式下，行政事业单位各自使用所占有的房产，极少在不同部门间调剂分配，办公用房使用不均的情况严重；统一分配模式下，机关事务管理局根据《党政机关办公用房建设标准》对各部门办公用房面积进行测算，按人均使用面积和人员编制情况确定建议面积，再综合考虑会议室、服务大厅等特殊需求，得出一个部门的使用总面积，均等化分配减轻了部门间因政府运行保障相关事务而引发的攀比和内耗，间接提升各部门的内聚力。

（二）政府运行保障体系组织结构的改革方向

1. 目前政府运行保障体系存在问题

政府运行保障管理体制改革首先重塑了政府运行保障整体流程

---

① 王爽．机关行政性国有资产管理及市场化运作研究［D］．济南：山东师范大学，2008：15.

中各个参与者之间的权力关系。在政府内部，政府运行保障各项事务的管理权力开始向各级政府的机关事务管理部门集中。从政府与立法机构的关系来看，人民代表大会开始获得对行政性资产和经费使用情况进行监督的权力。然而，目前政府运行保障管理的具体事项尤其是后勤服务事项依然不清晰，各部门在后勤服务上依然存在苦乐不均的现象，也为人民代表大会的实质性监督带来困难。

（1）政府运行保障的具体事项不清晰。如果将“政府运行保障”限定为只保障机关运行所需的最基本物质要素，那么目前因没有统一的法律法规对“基本物质要素”进行界定，各层级政府以及政府各部门对此认知难以形成共识。政府的运行需要哪些保障，哪些保障是必需的和基本的，哪些是额外的，这些问题的明确直接关联着财政支出的范围和规模。国家现有的制度和标准基本涵盖了非经营性国有资产中的通用资产，如办公用房、公务用车、通用软件、通用办公设备家具等资产的配置、维修和处置标准，但政府的正常运转还需要餐饮、物业、印刷等服务，以及医务室、健身房、洗衣房等服务保障。后勤体制改革后，有些政府部门保留了诸如招待所、会议中心、餐饮中心等经营性资产，一部分资产向第三产业转型，但大部分资产并没有完成转企改制，后勤管理、服务、经营混于一体，依靠这类经营性资产提供的服务标准如何界定没有明确的标准，尽管2018年国家机关事务管理局出台了《中央国家机关后勤服务指南》，但这只是参照，并不具有约束性。

（2）机关运行经费没有统一的科目。经费是政府运行保障活动的直接反映，对行政资源使用情况的监管最初也是从经费开始的。

2002年预算改革初期，虽然实行“一个部门一本预算”，但是机关运行经费分散在各个部门预算的诸多科目中，甚至一些项目支出也可以列支机关运行经费，导致难以完整、清晰地掌握一个部门的机关运行经费支出总额、具体结构和支出效果，也无法反映政府整体机关运行经费支出的总额和结构。因此，虽然部门预算改革以来，各级人大都开始行使“钱袋子”的权力，但对机关运行经费的审查因没有整体性统计和全部科目，只能对列出的科目进行审查，也无法对不合理的条目提出建议。

2. 政府运行保障体系的改革方向

政府运行保障集中管理促进国家能力提升有两个层面，一是政府间关系上，对行政性资源的集中管理以提升国家资源汲取能力和国家结构内聚力。二是国家与社会关系上，加强人大和社会对政府资源使用的监督，可间接促进国家基础性权力的积累与进步。以此为指导，政府运行保障管理体制改革方向有以下两点。

（1）明确政府运行保障事项，细化机关运行经费科目。建议确定政府运行保障的事项，并对政府基本运行所需经费科目和支出额度进行全口径、全方位统计分析，科学测定办公区运行所需经费与市场行情联系密切的服务费用标准，应允许定期调整，并建立动态调整机制，真正形成一套政府办公区经费支出标准和结算制度。一方面，可节约机关运行经费；另一方面，统一保障事项还可促进政府运行保障的均等化，使国家结构内聚力得以加强。

（2）推进监管体系的完善。在明确政府运行保障事项和经费科目基础上，可进一步完善监管体制。例如，人大审查方面可以分两部分，一是审查政府各职能部门提出的部门预算中属于政府运行保障的项目是否合理，二是对每个项目的预算进行审查。此外，还应逐步公开机关运行经费和资产的使用情况，让民众监督的同时，也能提高政府资产和经费使用的规范性，并提高政府形象。

参考文献

一、中文文献

（一）专著

[1] 王浦劬，等．政治学基础［M］．北京：北京大学出版社，2018.

[2] 王绍光，胡鞍钢．中国国家能力报告［M］．沈阳：辽宁人民出版社，1993.

[3] 张国庆．公共行政学：第三版［M］．北京：北京大学出版社，2007.

[4] 燕继荣．国家治理评估研究：理论、方法、经验及指标体系构建［M］．北京：商务印书馆，2024.

[5] 费斯勒，凯特尔．行政过程的政治：公共行政学新论［M］．陈振明，朱芳芳，等译校．北京：中国人民大学出版社，2002.

[6] 马骏．治国与理财：公共预算与国家建设［M］．北京：生活·读书·新知三联书店，2011.

[7] 许正中．机关运行经费管理与创新［M］. 北京：国家行政学院出版社，2013.

[8] 罗豪才．行政法学［M］. 北京：中国政法大学出版社，1999.

[9] 应松年．行政法与行政诉讼法［M］. 北京：法律出版社，2005.

[10] 张升智．机关后勤工作概论［M］. 北京：群众出版社，1999.

[11] 王德．机关事务管理思考与前瞻［M］. 北京：中国人事出版社，2012.

[12] 郭济．新时期机关事务管理的理论研究与实践［M］. 北京：中国人事出版社，2000.

[13] 赵峰涛．机关事务标准化指引［M］. 北京：北京大学出版社，2020.

[14] 中共中央党史研究室．习仲勋文集［M］. 北京：中共党史出版社，2013.

[15] 中共中央组织部，中共中央党史研究室，中央档案馆．中国共产党组织史资料附卷一：上［M］. 北京：中共党史出版社，2000.

[16] 中共江西省委党史研究室，中共赣州市委党史工作办公室，中共龙岩市委党史研究室．中央革命根据地历史资料文库·政权系统：第6卷［M］. 北京：中央文献出版社，2013.

[17] 中共中央文献研究室．改革开放三十年重要文献选编

[M]. 北京：中央文献出版社，2008.

[18] 国务院法制局. 中华人民共和国现行法规汇编（1949—1985)：政法卷、军事卷及其他卷 [M]. 北京：人民出版社，1987.

[19] 国务院机关事务管理局，国务院法制办公室. 机关事务管理条例释义 [M]. 北京：中国法制出版社，2012.

（二）期刊

[1] 王浦劬，梁宇，李天龙. 十八大以来我国省级机关事务管理体制改革的发展及其思考 [J]. 中国行政管理，2018 (3).

[2] 彭宗超，曾学华，曹峰. 我国机关事务集中统一管理改革的理论与实践分析 [J]. 理论与改革，2020 (1).

[3] 王佃利，于棋. 治理现代化视野下机关事务管理创新：从制度优势到治理效能 [J]. 理论与改革，2020 (2).

[4] 丁煌，李雪松. 新中国70年机关事务治理的制度变迁：一项历史制度主义的考察 [J]. 理论与改革，2020 (1).

[5] 彭宗超，曾学华，曹峰. 整体性治理视角下党政机关事务的整合与协同 [J]. 北京行政学院学报，2019 (1).

[6] 高鹏程. 当前中国机关事务管理研究中的前沿问题：资产管理、层空关系和集中统一方式 [J]. 理论与改革，2020 (1).

[7] 余少祥. 关于机关事务管理体制改革的若干思考 [J]. 中国行政管理，2019 (3).

[8] 高鹏程. 政府效能与机关事务工作 [J]. 中国行政管理，2018 (3).

[9] 孙丽霞．机关事务管理职能机构制度化研究 [J]．中国行政管理，2020（3）．

[10] 湛中乐．机关运行保障的立法逻辑 [J]．中国法学，2020（1）．

[11] 陶雪良．论机关事务工作的高质量发展 [J]．中国行政管理，2018（3）．

[12] 祁峰．机关事务集中统一管理的早期实践 [J]．中国机关后勤，2020（10）．

[13] 李雪松．整体性何以弥合碎片化：机关事务治理的现代化思路 [J]．领导科学论坛，2020（3）．

[14] 尹兴．机关事务治理体系和治理能力现代化的五大关系问题 [J]．中国行政管理，2018（6）．

[15] 陈庆修．从历史沿革看机关事务的含义及其发展趋势 [J]．中国行政管理，2017（10）．

[16] 寻寰中．着力建设节约型机关 [J]．求是，2008（19）．

[17] 焦焕成．以节俭效能的机关事务文化引领节约型机关建设 [J]．求是，2012（6）．

[18] 白振刚．周恩来机关事务管理思想与实践：纪念周恩来诞辰100周年 [J]．中国高校后勤研究，1998（2）．

[19] 机关事务管理改革创新发展40年不平凡之路 [J]．中国机关后勤，2018（10）．

[20] 郭济．改革开放为机关事务工作带来了生机和活力：回顾田纪云同志对国管局工作的亲切关怀和支持 [J]．中国机关后勤，

2008（6）.

［21］高举旗帜 科学发展努力开创机关事务工作新局面：国管局召开纪念改革开放30周年暨深入学习实践科学发展观报告会［J］. 中国机关后勤，2008（12）.

［22］国管局后勤改革与综合管理司．深化机关后勤服务化改革提高管理服务保障能力：中央国家机关后勤服务社会化改革30年回顾与展望［J］. 中国机关后勤，2008（12）.

［23］谢欣．古代官服的符号学意义［J］. 艺术生活-福州大学厦门工艺美术学院学报，2017（6）.

［24］唐兴霖．里格斯的行政生态理论述评［J］. 上海行政学院学报，2003（3）.

［25］美国联邦政府机关事务管理体制对我们的启示［J］. 中国机关后勤，2001（8）.

［26］从德国、瑞典、芬兰中央政府机关事务工作中得到的启示［J］. 中国机关后勤，2003（4）.

［27］张涛，刘振起．论抗日战争我军战略后勤思想［J］. 军事历史研究，1996（2）.

［28］刘倩．土地革命战争时期红军供给制初探［J］. 军事历史，2019（4）.

［29］陈佳．抗战时期晋察冀根据地的军粮供应［J］. 党史研究与教学，2016（2）.

［30］温州市机关事务管理研究会课题组．机关事务标准：规范、体系和立法技术［J］. 中国机关后勤，2021（3）.

[31] 周志忍. 美国“三公经费”管理对机关事务标准化建设的启示 [J]. 中国行政管理, 2018 (12).

[32] 王永海. 社会化：机关事务工作的改革方向 [J]. 行政管理改革, 2013 (8).

[33] 刘耀东, 孟菊香. 当前中国行政改革中的现代性：构建与展望 [J]. 中国行政管理, 2018 (9).

[34] 彭正波, 王蕊. 标准化视野下的美国公务车管理 [J]. 中国行政管理, 2018 (12).

[35] 叶启成. 论市场经济条件下我国机关后勤服务的社会化改革 [J]. 网络财富, 2008 (9).

[36] 赵家宝. 我国政府机关后勤服务外包的探讨 [J]. 中国行政管理, 2009 (8).

[37] 黄新宝. 中央国家机关后勤服务社会化改革的历史嬗变与未来走向 [J]. 中国机关后勤, 2016 (8).

[38] 李彦娅. 放管服改革背景下的基层机关事务管理创新 [J]. 天津行政学院学报, 2020, 22 (1).

[39] 黎兵. 对机关事务工作机构职能的几点思考 [J]. 中国行政管理, 2007 (3).

[40] 谭静. 机关后勤改革的思路调整和路径选择 [J]. 经济研究参考, 2014 (17).

[41] 戴建华. 公共预算视角下“三公”经费管理 [J]. 行政管理改革, 2012 (6).

[42] 郭文明. 加强管理是机关事务管理工作的当务之急 [J].

中国行政管理，2005（1）.

［43］郭济．加强行政事业单位国有资产管理［J］．中国行政管理，2004（6）.

［44］王晓东．精细化：机关事务管理的应然之路［J］．中外企业家，2020（11）.

［45］王德．科学把握当前机关事务工作的定位与职能［J］．中国行政管理，2005（1）.

［46］王小龙，杜强，衡卫峰，等．美国联邦政府内部控制建设特点及启示［J］．财政研究，2018（3）.

［47］唐大鹏，王璐璐．内部控制下政府行政运行成本概念廓清与管控创新［J］．地方财政研究，2018（9）.

［48］王威武．浅论机关事务管理工作与效能政府建设［J］．现代商业，2011（18）.

［49］竺乾威．政府职能的三次转变：以权力为中心的改革回归［J］．江苏行政学院学报，2017（6）.

（三）论文

［1］赵黎黎．清代县衙设置与运作制度研究［D］．郑州：河南大学，2008.

二、英文文献

［1］WEBER M. The Theory of Social and Economic Organization［M］. New York：Free Press，1947.

［2］ FARNHAM D, HORTON S, Public Management in Britain［M］. London: Macmillan Press LTD, 1999.

［3］ DENHARDT J V, DENHARDT R B. The New Public Service: Serving, not Steering［M］. New York: M. E. Sharpe, Inc, 2003.

［4］ OSBORNE D, GAEBLER T, Reinventing Government: How the Entrepreneurial Spirit is Transforming the Public Sector［M］. Los Angeles: International Creative Management, Inc, 1992.

［5］ HUGHES O E, Public Management and Administration［M］. New York: Palgrave Macmillan, 2003.